Knödelschorsch

seine dritten

Leckerchen

Autor:

- Hans-Georg Karl
- Baujahr: 1950
- Geburtsort: Wuppertal
- Tischlermeister
- ehemals Leiter eines Bildungszentrums
- Unruheständler
- Hobbykoch
- Hobbypoet
- Leidenschaftlicher Opa von:
  Leona
  Lara

Umschlagbilder:

Hans-Georg Karl

© 2016 by Hans-Georg Karl

http://www.knoedelschorsch.de

Bibliografische Information der Deutschen Nationalbibliothek:

Die Deutsche Nationalbibliothek verzeichnet diese Publikation in der Deutschen Nationalbibliografie.

Detaillierte bibliografische Daten sind im Internet über

http://www.dnb.de abrufbar.

Herstellung und Verlag: BoD - Books on Demand, Norderstedt

ISBN: 978-3-8391-1109-3

Vorwort

Mit einer Handvoll original thailändischer Rezepte startete am 13. November 2000 meine Homepage www.knoedelschorsch.de. Sie wurde in den folgenden Jahren zum Selbstläufer und hat mich ständig unter Druck gesetzt, neue Rezepte auszuprobieren.

Meine „Rezeptmaxime" lautet nämlich: nur was relativ leicht zu kochen/backen ist, was mir gut gelungen ist und noch dazu gut geschmeckt hat, kann sich Chancen ausrechnen, auf meine Homepage zu kommen.

Mittlerweile sind es über 750 Rezepte geworden und immer noch kommen neue dazu.

Den dritten Teil dieser Rezepte gibt es nun außer im weltweiten Netz, auch wieder „handfest" in diesem Buch. Wie bei den anderen Leckerchen-Büchern habe ich ganz bewusst auf Bilder von meinen Gerichten verzichtet. Jeder, der schon einmal nach Rezeptbüchern gekocht/gebacken hat, musste hinterher feststellen, dass das Kochergebnis sowieso nie so „schön" aussah wie auf den Rezeptfotos. Außerdem standen mir für Rezeptfotos keine Kunststoffe und ähnliche Produkte zur Verfügung, die alles so wunderschön aussehen lassen.

Allen „Nachkochern" und „Nachkocherinnen" wünsche ich viel Spaß mit den Leckerchen vom Knödelschorsch und natürlich gutes Gelingen und guten Appetit wenn es gelungen ist. Und wie immer, zu Risiken und Nebenwirkungen fragen Sie nicht Ihren Arzt oder Diätberater.

Über einen Besuch auf meiner Homepage würde ich mich natürlich auch sehr freuen.

April 2016

Hans-Georg Karl alias Knödelschorsch

Aufgelistete Rezepte

Suppen

Aufläufe

Pfannengerichte

Salate

Thailändische Gerichte

Gebackene Gerichte

Verschiedene Gerichte

Desserts

Muffins

Kuchen und Torten

Torten ohne Backen

Rührteig

Anmerkung zu den Rezepten

Damit alles gut gelingt, bitte folgendes beachten!

Alle Rezepte (außer Torten/Kuchen) sind für 4 „normale" Esser ausgelegt. Wenn nicht, ist es extra vermerkt.

Sofortgelatine / Fertiggelatine ist Gelatine in Pulverform und wird „trocken" untergerührt. Sie braucht nicht wie Blattgelatine eingeweicht und aufgelöst werden. Die Verarbeitung ist also wesentlich einfacher.

Für alle Traditionalisten:
30 g Sofortgelatine / Fertiggelatine = 6 Blatt Gelatine

Größenordnungen:

Auflaufform ist ca. 30 cm x 22 cm groß
Durchmesser der Springform / Kranzform = 28 cm
Durchmesser der Gugelhupfform = 22 cm
Größe des Backblechs = 43 x 37 cm (außen)
Größe der Kastenform = 30 cm (2,5 l)

Backofen

Backofentemperatur gilt immer als vorgeheizt
Temperatur für „normalen" Backofen (ohne Umluft)

Abkürzungen:

EL = Esslöffel

TL = Teelöffel

TK = Tiefkühlkost

Und für alle Rezepte gilt „Guten Appetit".

Suppen

für etwas Warmes im Bauch

Ägyptische Gemüsesuppe

Zutaten:

2 Paprikaschoten
1 Zucchini
400 g Kartoffeln
1 Zwiebel
4 Knoblauchzehen
250 g Kichererbsen (Dose)
1500 ml Gemüsebrühe
2 EL Joghurt
Salz, Pfeffer, Kurkuma, Kreuzkümmel, Öl

Zubereitung:

- Zwiebeln und Knoblauch klein hacken.
- Gemüse in kleine Stücke schneiden.
- Gehackte Knoblauch – Zwiebeln in Öl glasig dünsten.
- Kartoffeln ganz kurz mit anbraten.
- Mit der Brühe ablöschen.
- Etwa 20 Minuten leicht köcheln lassen.
- Zucchini, Paprika und Erbsen zugeben.
- Alles zusammen weitere 10 Minuten köcheln lassen.
- Mit den Gewürzen und dem Joghurt abschmecken.

Blumenkohlsuppe mit Lachs

Zutaten:

500 g Blumenkohl
200 g geräucherter Lachs
125 ml Milch
200 g Sahne
1 Eigelb
500 ml Gemüsebrühe
5 TL Stärkemehl
3 TL Zitronensaft
½ EL Dill
Salz, Pfeffer, Muskat

Zubereitung:

- Blumenkohl in kleine Röschen teilen.
- Röschen in einem Topf mit Gemüsebrühe bedecken.
- Zusammen mit der Milch kurz aufkochen lassen.
- Bei mittlerer Temperatur etwa 20 Minuten gar kochen.
- Blumenkohl fein pürieren.
- Sahne und Stärkemehl glatt rühren.
- Aufgekochte Suppe mit Stärkesahne binden.
- Mit Zitronensaft und den Gewürzen abschmecken.
- Eigelb mit etwas Suppe verquirlen.
- Gequirltes Ei unter die Suppe rühren.
- Lachs in Streifen schneiden.
- Streifen in der Suppe erwärmen.
- Suppe mit Dill überstreut servieren.

Brokkoli - Käse - Suppe

Zutaten:

750 g Brokkoli
4 Knoblauchzehen
2 Zwiebeln
700 ml Hühnerbrühe
200 g Schlagsahne
100 ml Weißwein
100 g geriebener Käse
Salz, Pfeffer, Muskat, Öl

Zubereitung:

- Brokkoli in kleine Röschen schneiden.
- Zwiebeln und Knoblauch klein hacken.
- Beides in Öl glasig dünsten.
- Hühnerbrühe und Brokkoli zugeben.
- Zugedeckt etwa 12 – 15 Minuten köcheln lassen.
- Sahne und Wein einrühren.
- Mit den Gewürzen abschmecken.
- Suppe mit einem Pürierstab pürieren.
- Den Käse unterrühren und schmelzen lassen.
- Suppe noch einmal kurz aufkochen.
- Mit einem Klecks Sahne garniert auf Suppentellern servieren.

Cornichons – Suppe

Zutaten:

250 g Cornichons
500 g Kartoffeln
900 ml Gemüsebrühe
150 g Sahne
150 g Fetakäse
2 EL Dill
Pfeffer

Zubereitung:

- Kartoffeln und Cornichons in kleine Würfel schneiden.
- Beides in der Gemüsebrühe 15 Minuten garen.
- Die Sahne unterrühren.
- Mit dem Pürierstab die Suppe pürieren.
- Den Dill klein hacken.
- Fetakäse klein würfeln.
- Beides zur Suppe geben.
- Suppe noch einmal kurz aufkochen lassen.
- Mit Pfeffer abschmecken.

Eintopf mit Bohnen

Zutaten:

500 g Kartoffeln
250 g getrocknete weiße Bohnen
1 Zwiebel
1 Stange Porree
2 Möhren
1 Paprikaschote
1 Stück Sellerie
4 Mettwürstchen
2 Lorbeerblätter
1 Bund Petersilie
Salz, Pfeffer, Thymian, Öl

Zubereitung:

- Bohnen mit 2 l kaltem Wasser über Nacht einweichen.
- Am Kochtag Mettwürstchen in Scheiben schneiden.
- Kartoffeln, Sellerie, Paprika und Möhren klein würfeln.
- Zwiebel und Petersilie fein hacken.
- Porree in Ringe schneiden.
- Gehackte Zwiebel mit wenig Öl glasig dünsten.
- Bohnen, Einweichwasser und Lorbeerblätter zugeben.
- Alles einmal kurz aufkochen lassen.
- Wurst, Porree, Möhren, Kartoffeln und Sellerie unterrühren.
- Bei milder Hitze etwa 45 Minuten köcheln lassen.
- Mit den Gewürzen abschmecken.
- Vor dem Servieren mit der Petersilie überstreuen.

Alternativ:

1 Dose weiße Bohnen statt getrockneter Bohnen
2 l Gemüsebrühe statt Einweichwasser

Gemüse – Eintopf mit Hackfleisch

Zutaten:

500 g Hackfleisch
2 Zwiebeln
300 g Tomaten
300 g Zucchini
300 g Auberginen
900 ml Gemüsebrühe
400 g Gnocchi („Kühlthekenware")
350 g Paprika
4 EL Öl
2 EL Tomatenmark
2 EL Kräuter, gemischt (TK oder frisch)
50 g Parmesankäse
Pfeffer, Salz

Zubereitung:

- Das Gemüse in kleine Würfel schneiden.
- Zwiebeln klein hacken.
- In einem großen Topf die Zwiebeln im Öl glasig dünsten.
- Hackfleisch zugeben und krümelig braten.
- Tomatenmark unterrühren.
- Paprikastücke fünf Minuten mitbraten.
- Auberginen und Zucchini zugeben und ebenfalls fünf Minuten mitgaren.
- Gemüsebrühe zugießen und aufkochen lassen.
- Mit Salz und Pfeffer abschmecken.
- Tomaten, Kräuter und Gnocchi zugeben.
- Alles zusammen noch etwa fünf Minuten köcheln lassen.
- Vor dem Servieren den Käse über den Eintopf streuen.

Halunkensuppe

Zutaten:

5 mittelgroße Mettwürstchen
6 Zwiebeln
400 g Champignons
1 Dose Gulaschsuppe (400 ml)
500 g Erbsen und Möhren (TK)
3 Paprika (Farbe nach Wahl)
1,2 Liter Fleischbrühe
250 g Preiselbeeren (Glas)
2 EL Tomatenmark
100 g Tomatenketchup
Salz, Pfeffer, Öl

Zubereitung:

- Würstchen, Zwiebeln und Pilze klein schneiden.
- Alles in Öl etwas anbraten.
- Mit der Brühe und der Gulaschsuppe ablöschen.
- Etwa 30 Minuten köcheln lassen.
- Paprika in kleine Stücke schneiden.
- Zusammen mit den restlichen Zutaten zur Suppe geben.
- Noch einmal 15 Minuten köcheln lassen.
- Mit Salz und Pfeffer abschmecken.

Knoblauchsuppe

Zutaten:

250 g Erbsen
7 Knoblauchzehen
1 kleine Zwiebel
750 ml Hühnerbrühe
2 EL Öl
Petersilie
Salz, Pfeffer, Worcestersauce

Zubereitung:

- Zwiebel und Knoblauch fein hacken.
- Beides im Öl glasig dünsten.
- Mit der Brühe ablöschen.
- Kurz aufkochen lassen.
- Erbsen zur Suppe geben.
- Suppe etwa 15 Minuten kochen.
- Mit Salz, Pfeffer und Worcestersauce abschmecken.
- Auf Suppentellern anrichten.
- Klein gehackte Petersilie überstreuen.

Kokos - Suppe mit Lauch

Zutaten:

1 Stange Porree
1 Zwiebel
3 Knoblauchzehen
1 rote Paprika
1 kleine rote Chili
400 g Kokosmilch
700 ml Gemüsebrühe
2 TL Mehl
1 TL Currypulver
1 EL frischer Koriander (gehackt)
Salz, Pfeffer, Zitronensaft, Öl
Basilikumblätter

Zubereitung:

- Zwiebel, Knoblauch und Chili fein hacken.
- Alles in etwas Öl andünsten.
- Mehl und Curry darin anschwitzen lassen.
- Kokosmilch und Brühe zugeben.
- Etwa 5 Minuten köcheln lassen.
- Mit Zitronensaft, Salz und Pfeffer abschmecken.
- Paprika und Porree sehr klein schneiden.
- Zusammen mit dem Koriander zur Suppe geben.
- Noch einmal etwa 10 Minuten köcheln lassen.
- Endgültig abschmecken und mit Basilikumblätter garniert servieren.

Kräuter - Joghurt - Suppe

Zutaten:

100 g Champignons
600 ml Gemüsebrühe
1 Bund Frühlingszwiebeln
3 Knoblauchzehen
2 Bund gemischte Kräuter
500 g Naturjoghurt
Öl, Pfeffer, Salz, Muskat

Zubereitung:

- Champignons und Zwiebeln in kleine Stücke schneiden.
- Knoblauch fein hacken.
- Alles zusammen in Öl kurz anbraten.
- Gemüsebrühe aufgießen.
- Mit Salz und Pfeffer abschmecken.
- Suppe etwa 10 Minuten köcheln lassen.
- Kräuter sehr klein hacken und unterrühren.
- Suppe pürieren.
- Die Suppe vom Herd nehmen und etwas abkühlen lassen.
- Den Joghurt unterrühren.
- Mit Salz, Pfeffer und Muskat abschmecken.
- Noch einmal kurz aufkochen lassen.
- Auf Suppentellern anrichten.
- Mit einem Klecks Joghurt garniert servieren.

Linsen - Suppe

Zutaten:

250 g braune Linsen
2 Zwiebeln
3 Knoblauchzehen
4 Möhren
1 Stück Sellerie
2 Stangen Porree
150 g Champignons
2 Mettwürstchen
1,3 l Gemüsebrühe
125 ml Weißwein
2 TL Kurkumapulver
2 EL Zitronensaft
2 Lorbeerblätter
Salz, Pfeffer, Olivenöl

Zubereitung:

- Zwiebeln und Knoblauch fein hacken.
- Beides in einem Topf mit dem Öl glasig dünsten.
- Linsen kurz mitdünsten.
- Mit dem Wein und der Gemüsebrühe ablöschen.
- Kurkumapulver und Lorbeerblätter zugeben.
- Alles zusammen etwa 45 Minuten köcheln lassen.
- Währenddessen die Mettwurst in dünne Scheiben schneiden.
- Sellerie fein raspeln.
- Möhren, Pilze und Porree in kleine Stücke schneiden.
- Gemüse und Wurst nach der Köchelzeit zur Suppe geben.
- Weitere 15 Minuten köcheln lassen.
- Mit Salz, Pfeffer und Zitronensaft abschmecken.

Mais - Creme - Suppe

Zutaten:

2 Dosen Mais
150 g gekochter Schinken
1 Zwiebel
100 g Oliven (ohne Stein)
3 Knoblauchzehen
200 g Sahne
350 ml Gemüsebrühe
2 EL Zitronensaft
¼ TL Kurkuma
1 Bund Schnittlauch
Öl, Salz, Pfeffer

Zubereitung:

- Zwiebel und Knoblauch sehr klein hacken.
- Beides in Öl glasig dünsten.
- Mit der Gemüsebrühe ablöschen.
- Mais und Kurkuma unterrühren.
- Dabei 3 EL Mais zurückhalten.
- Etwa 10 Minuten köcheln lassen.
- Sahne und Zitronensaft einrühren.
- Weitere 3 Minuten kochen lassen.
- Die Suppe pürieren.
- Mit Pfeffer und Salz abschmecken.
- Oliven in Scheiben schneiden.
- Schinken in schmale Streifen schneiden.
- Beides und den restlichen Mais zur Suppe geben.
- Suppe noch einmal aufkochen lassen.
- Schnittlauch in kleine Röllchen schneiden.
- Suppe auf Suppentellern anrichten.
- Mit dem Schnittlauch garniert servieren.

Minestrone

Zutaten:

300 g grüne Bohnen
1 Stange Porree
2 Stangen Sellerie
250 g Möhren
1 Zwiebel
3 Knoblauchzehen
2 Zucchini
1 Dose weiße Bohnen
2 kleine Dosen Pizzatomaten
120 g Suppennudeln
1,5 l Fleischbrühe
3 EL Öl
Salz, Pfeffer, Rosmarin

Zubereitung:

- Gemüse in kleine Stücke bzw. Ringe schneiden.
- Zwiebel und Knoblauch fein hacken.
- Beides im Öl glasig dünsten.
- Sellerie, Porree und Möhren etwa 5 Minuten mitdünsten.
- Mit der Brühe ablöschen.
- Bohnen und Pizzatomaten zugeben.
- Etwa 15 Minuten köcheln lassen.
- Nudeln, Zucchini und Bohnen untermengen.
- Mit den Gewürzen abschmecken.
- Noch einmal 10 Minuten köcheln lassen.
- Minestrone heiß servieren.

Paprika - Suppe

Zutaten:

1 rote Paprika
750 ml Hühnerbrühe
½ Bund Petersilie
1 Prise Zucker
½ TL Ingwerpulver
Salz, Pfeffer

Zubereitung:

- Paprika in schmale Streifen schneiden.
- Streifen der Länge nach halbieren.
- Die Hühnerbrühe erhitzen.
- Brühe mit Zucker, Ingwer, Salz und Pfeffer abschmecken.
- Paprikastreifen in die Brühe geben.
- Kurz aufkochen lassen.
- Petersilie klein hacken.
- Suppe auf Suppentellern oder –schalen anrichten.
- Mit der Petersilie überstreut servieren.

Pikante Möhrencremesuppe

Zutaten:

500 g Möhren
30 g frischer Ingwer
2 kleine Chilischoten
1 Zwiebel
2 Knoblauchzehen
200 ml Kokosmilch
1 EL Zucker
500 ml Gemüsebrühe
2 EL gehackter Thymian
Salz, Pfeffer, Muskat, Butter

Zubereitung:

- Zwiebel, Knoblauch, Chili und Ingwer sehr fein schneiden.
- Die Möhren klein würfeln.
- Chili, Zwiebel und Knoblauch in der Butter glasig dünsten.
- Zucker und Möhren untermischen.
- Gut 2 Minuten mitdünsten.
- Mit Brühe und Kokosmilch ablöschen.
- Etwa 20 Minuten köcheln lassen.
- Suppe fein pürieren.
- Mit Salz, Pfeffer und Muskat abschmecken.
- Auf Tellern mit Thymian überstreut servieren.

Reis – Gemüse – Eintopf

Zutaten:

200 g Reis
1 große Zwiebel
4 Knoblauchzehen
250 g Möhren
1 Stange Porree
1 Bund Frühlingszwiebeln
300 g Erbsen (TK)
1 Stück Sellerie
1 Stückchen Ingwer
6 EL Teriyaki – Soße (Wok-Soße, alternativ Sojasoße)
1,5 l Gemüsebrühe
½ Bund Petersilie
Salz, Pfeffer, Öl

Zubereitung:

- Reis in Salzwasser garen.
- Zwiebel, Knoblauch, Ingwer und Sellerie fein hacken.
- Möhren klein würfeln.
- Porree und Frühlingszwiebeln in Ringe schneiden.
- Knoblauch und Zwiebel in Öl glasig dünsten.
- Ingwer und Sellerie kurz mitdünsten.
- Teriyaki und etwas Gemüsebrühe einrühren.
- Porree, Frühlingszwiebeln und Möhren zugeben.
- Alles noch einmal kurz andünsten.
- Mit der Gemüsebrühe ablöschen.
- Etwa 10 Minuten köcheln lassen.
- Abschmecken mit Salz und Pfeffer.
- Erbsen und Reis nach 5 Minuten unterrühren.
- Petersilie fein hacken und zur Suppe geben.
- Noch einmal kurz aufkochen lassen.

Rosenkohl - Creme - Suppe

Zutaten:

700 g Rosenkohl
1 l Gemüsebrühe
150 g Creme fraîche
150 g gekochter Schinken
Salz, Pfeffer, Muskat, Parmesan

Zubereitung:

- Rosenkohl putzen und halbieren.
- Geputztes in der Gemüsebrühe 20 Minuten garen
- Schinken in kleine Stücke schneiden.
- Die Suppe pürieren.
- Creme fraîche unterrühren.
- Den Schinken ebenfalls zugeben.
- Alles kurz aufkochen lassen.
- Mit den Gewürzen abschmecken.
- Vor dem Servieren mit Parmesankäse überstreuen.

Sauerkraut - Suppe

Zutaten für 5 – 6 Personen:

2 l Fleischbrühe
3 Zwiebeln
1 große Dose Sauerkraut
230 g Champignons
300 ml Gewürzketchup
200 g Schlagsahne
800 g Hackfleisch
1 Stange Porree
Paprika, Pfeffer, Salz, Öl

Zubereitung:

- Sauerkraut abspülen und abtropfen lassen.
- Pilze und Porree klein schneiden.
- Zwiebeln klein hacken.
- Kleingehacktes in Öl glasig dünsten.
- Hackfleisch zugeben und krümelig braten.
- Mit der Fleischbrühe ablöschen.
- Porree, Sauerkraut und Pilze zugeben.
- Alles gut verrühren.
- Etwa 20 Minuten kochen lassen.
- Nach der halben Kochzeit den Ketchup unterrühren.
- Mit den Gewürzen abschmecken.
- Zum Schluss der Kochzeit die Sahne einrühren.

Steinpilz - Creme - Suppe

Zutaten:

30 g getrocknete Steinpilze
1 Zwiebel
1 Stange Porree
1 Möhre
3 Knoblauchzehen
1 Kartoffel
750 ml Gemüsebrühe
300 g Sahne
2 EL Öl
Salz, Pfeffer, Schnittlauch

Zubereitung:

- Steinpilze mit lauwarmem Wasser bedecken.
- Nach 20 Minuten Pilze herausnehmen und abspülen.
- Einweichwasser durch ein feines Sieb geben.
- Zwiebel und Knoblauch fein hacken.
- Porree in Ringe schneiden.
- Kartoffel und Möhre klein würfeln.
- Gemüse im Öl kurz andünsten.
- Mit dem Einweichwasser und der Brühe ablöschen.
- Pilze zugeben und 20 Minuten köcheln lassen.
- Suppe pürieren.
- 200 g Sahne einrühren.
- Kurz aufkochen lassen.
- Pfeffern und Salzen.
- Restsahne steif schlagen.
- Suppe auf Suppenteller bzw. in Suppentassen füllen.
- Mit Sahnetupfer und Schnittlauch garniert servieren.

Tomaten - Basilikum - Suppe

Zutaten:

2 Dosen stückige Tomaten (500 g)
2 Zwiebeln
4 Knoblauchzehen
1 große Möhre
2 EL Orangensaft
100 ml Weißwein
2 EL Öl
800 ml Gemüsebrühe
4 Fleischtomaten
1 Bund Basilikum
Salz, Pfeffer

Zubereitung:

- Möhre in kleine Würfel schneiden.
- Zwiebeln und Knoblauch klein hacken.
- Beides in einem großen Topf im Öl andünsten.
- Möhrenstücke kurz mitdünsten.
- Tomatenstücke mit Saft zugeben.
- Mit Brühe, Wein und Orangensaft ablöschen.
- Etwa 20 Minuten zugedeckt köcheln lassen.
- Suppe pürieren.
- Noch einmal kurz aufkochen.
- Mit Salz und Pfeffer abschmecken.
- Fleischtomaten entkernen und klein schneiden.
- Basilikum in schmale Streifen schneiden.
- Tomatenwürfel und Basilikum auf Suppenteller geben.
- Dann die Teller mit der Suppe auffüllen.

Zwiebelsuppe mit Apfel

Zutaten:

5 Zwiebeln
3 Knoblauchzehen
1 Apfel
200 g Frischkäse mit Kräutern
900 ml Gemüsebrühe
100 ml Weißwein
2 EL Senf
2 TL Butter
2 EL Mehl
Salz, Pfeffer, Petersilie

Zubereitung:

- Zwiebeln in dünne Ringe schneiden.
- Knoblauch fein hacken.
- Beides in der Butter glasig dünsten.
- Glasiges mit Mehl bestäuben.
- Mit der Gemüsebrühe und dem Wein ablöschen.
- Suppe aufkochen lassen.
- Dann den Senf unterrühren.
- Den geschälten Apfel in die Suppe reiben.
- Etwa 20 Minuten köcheln lassen.
- Die Suppe grob pürieren.
- Bei kleiner Hitze den Frischkäse in der Suppe zum Schmelzen bringen.
- Mit Salz und Pfeffer abschmecken.
- Auf Suppentellern mit Petersilie überstreut servieren.

Aufläufe

die Renner sind

Gemüse - Hack - Auflauf

Zutaten:

350 g Nudeln (Mini-Farfalle)
2 Stangen Porree
3 Knoblauchzehen
200 g Champignons
200 g Schmand
100 ml Gemüsebrühe
150 g geriebener Käse
Salz, Pfeffer, Olivenöl

500 g Hackfleisch
2 Zwiebeln
1 große Möhre
1 Kohlrabi
1 Zucchini
1 Paprika
6 Eier

Zubereitung:

- Nudeln in Salzwasser al dente kochen.
- 3 Eier hart kochen, abpellen und klein schneiden.
- Pilze, Möhre, Zucchini, Paprika und Kohlrabi klein würfeln.
- Porree in dünne Ringe schneiden.
- Zwiebeln und Knoblauch fein hacken.
- Beides in Öl glasig dünsten.
- Hackfleisch zugeben und krümelig braten.
- Gemüse untermengen und 10 Minuten mitdünsten.
- Salzen und Pfeffern.
- Nudeln abgießen und mit kaltem Wasser erschrecken.
- Fleischgemüse, Nudeln und harte Eier vermengen.
- Schmand, Brühe, 50 g Käse und 3 Eier verrühren.
- Schmandsoße unter die Nudelmischung mischen.
- Alles in eine gefettete Auflaufform füllen.
- Mit dem Restkäse überstreuen.
- Bei 200° C etwa 30 Minuten überbacken.

Gnocchi – Auflauf

Zutaten:

400 g Gnocchi (aus dem Kühlregal)
500 g Brokkoli (nur die Röschen)
2 rote Paprika
100 g Gorgonzola
100 g geriebener Käse
50 g Kräuterbutter
40 g Mehl
300 ml Milch
Salz, Pfeffer, Muskat

Zubereitung:

- Brokkoliröschen in Salzwasser 5 – 7 Minuten kochen.
- Paprika in kleine Stücke schneiden.
- Gnocchi nach Packungsanweisung garen.
- Brokkoli und Gnocchi gut abtropfen lassen.
- Alles zusammen in einer Schüssel vermengen.
- Butter und Mehl auf kleiner Flamme verrühren.
- Milch und Gorgonzola zugeben.
- Etwa 3 – 4 Minuten unter Rühren köcheln lassen.
- Mit den Gewürzen abschmecken.
- Zum Schluss den geriebenen Käse unterrühren.
- Soße und Gnocchi – Gemüse vermischen.
- Sofort in eine gefettete Auflaufform geben.
- Bei 180° C etwa 20 – 25 Minuten überbacken.

Hackfleisch - Reis - Auflauf

Zutaten:

200 g Reis
500 g Hackfleisch
100 g geriebener Käse
500 g passierte Tomaten
2 grüne Paprika
3 Möhren
1 Zwiebel
3 Knoblauchzehen
2 Eier
1 TL Oregano
Salz, Pfeffer, Olivenöl

Zubereitung:

- Reis etwa 10 Minuten kochen.
- Paprika klein schneiden.
- Möhren raspeln.
- Zwiebel und Knoblauch klein hacken.
- Beides in Öl glasig dünsten.
- Hackfleisch zugeben und krümelig braten.
- Mit Salz, Pfeffer und Oregano abschmecken.
- Tomatenpüree, Möhren und Paprika unter das Hackfleisch mischen.
- Gut abgetropften Reis ebenfalls unterrühren.
- Eier untermengen und alles gut vermischen.
- Auflaufmasse in eine gefettete Auflaufform füllen.
- Bei 250° C 15 Minuten backen.
- Geriebenen Käse über den Auflauf streuen.
- Auflauf bei 200° C etwa 30 Minuten fertig backen.

Hackfleischauflauf mit Gemüse

Zutaten:

500 g Hackfleisch
150 g Möhren
350 g Brokkoli
500 g Kartoffeln
150 g Zuckererbsenschoten
4 EL Olivenöl
500 ml Bechamelsoße
2 EL gemischte Kräuter
Pfeffer, Salz

Zubereitung:

- Möhren in dünne Scheiben schneiden.
- Kartoffeln klein würfeln.
- Zuckerschoten mittig durchschneiden.
- Brokkoli in kleine Röschen teilen.
- Möhren und Kartoffeln in kochendem Salzwasser fünf Minuten garen.
- Zuckerschoten und Brokkoli zugeben
- Zwei Minuten mitgaren lassen.
- Gemüse gut abtropfen lassen.
- Hackfleisch im Olivenöl krümelig braten.
- Gemüse zum Hackfleisch geben und durchmischen.
- Salzen und Pfeffern.
- Bechamelsoße nach Packungsanweisung herstellen.
- Soße mit den Kräutern mischen.
- Mit Salz und Pfeffer abschmecken.
- Gemüse – Hack in eine gefettete Auflaufform geben.
- Bechamelsoße über den Auflauf gießen.
- Bei 180° C etwa 30 – 35 Minuten backen.

Kartoffel - Kohl - Auflauf

Zutaten:

500 g Kartoffeln
800 g Hackfleisch
3 Knoblauchzehen
200 g Schlagsahne
350 ml Gemüsebrühe
100 g geriebener Käse
Salz, Pfeffer, Muskat

700 g Wirsing
2 Zwiebeln
2 Eier
100 ml Milch
2 EL Speisestärke
1 EL Senf
1 Bund Petersilie

Zubereitung:

- Kartoffeln in der Schale kochen.
- Zwiebeln und Knoblauch fein hacken.
- Beides in Öl glasig dünsten.
- Hackfleisch zugeben und krümelig braten.
- Wirsing klein schneiden.
- Petersilie klein hacken.
- Kohl in etwas Öl andünsten lassen.
- Brühe zugießen und aufkochen.
- Deckel drauf und 10 Minuten köcheln lassen.
- Hackfleisch untermischen.
- Mit Salz, Pfeffer und Muskat würzen.
- Fertige Kartoffeln pellen und in Scheiben schneiden.
- Eine Auflaufform einfetten.
- Kartoffeln, Wirsing, Kartoffeln, Wirsing einschichten.
- Für die Sauce Eier, Sahne, Milch und Senf verrühren.
- Speisestärke unterrühren.
- Mit Salz, Pfeffer und Muskat würzen.
- Sauce gleichmäßig über den Auflauf geben.
- Den Käse über den Auflauf streuen.
- Im Backofen bei 200° C etwa 50 Minuten überbacken.
- Evtl. mit Alufolie abdecken.

Kartoffelauflauf mit Pilzen

Zutaten:

750 g Kartoffeln
200 g Champignons
250 g Tomaten
1 Knoblauchzehe
100 g geriebener Emmentaler Käse
Kräutersalz, Pfeffer
geriebene Muskatnuss
Butterflöckchen

Zubereitung:

- Die Kartoffeln in der Schale kochen.
- Sofort pellen und in Scheiben schneiden.
- Die Pilze putzen und blättrig schneiden.
- Kartoffeln und Pilze miteinander vermengen.
- Mit Kräutersalz, Muskat, Majoran und Pfeffer würzen.
- Zerdrückte Knoblauchzehe untermengen.
- Alles in eine geölte Auflaufform geben.
- Die Tomaten in Scheiben schneiden.
- Geschnittenes auf die Kartoffel - Pilz - Masse legen.
- Mit Kräutersalz, Pfeffer und Majoran bestreuen.
- Zum Schluss den Käse und die Butterflöckchen auf dem Auflauf verteilen.
- Auf mittlerer Schiene bei 200° C etwa 30 - 35 Minuten backen.

Kartoffelbrei - Bohnen - Auflauf

Zutaten:

900 g Kartoffeln
500 g Hackfleisch
300 g Brechbohnen (TK)
1 Dose Mais
1 Paprika
4 Tomaten
2 Zwiebeln
4 Knoblauchzehen
125 ml Milch
100 g geriebener Käse
Margarine, Öl
Salz, Pfeffer, Muskat

Zubereitung:

- Kartoffeln in der Schale gar kochen.
- Zwiebeln und Knoblauch fein hacken.
- Beides in einer großen Pfanne in Öl glasig dünsten.
- Hackfleisch zugeben und krümelig braten.
- Paprika und Tomaten klein schneiden.
- Zusammen mit Mais und Bohnen zum Fleisch geben.
- Salzen und Pfeffern.
- Alles etwa 10 Minuten dünsten lassen.
- Die Kartoffeln abpellen.
- Sofort durch eine Kartoffelpresse geben.
- Kartoffeln, Milch, Margarine zu einem Brei verrühren.
- Mit Salz und Muskat abschmecken.
- Fleischgemüse und Kartoffelbrei gut vermengen.
- Gemenge in eine gefettete Auflaufform geben.
- Mit Käse überstreuen.
- Bei 200° C etwa 20 Minuten überbacken.

Knödel - Gemüse - Auflauf

Zutaten:

8 Semmelknödel (im Kochbeutel oder frisch gemacht)
250 g Zucchini
250 g Möhren
3 Paprika
3 Stangen Porree
200 ml Milch
2 TL Gemüsebrühepulver
200 g Schmand
150 g saure Sahne
200 g Creme fraîche
100 g Emmentaler (gerieben)
3 Eier
Salz, Pfeffer, Paprikapulver

Zubereitung:

- Die Knödel in Salzwasser nach Anweisung kochen.
- Gemüse in kleine Scheiben bzw. Stücke schneiden.
- Im Knödelwasser das Gemüse etwa 5 Minuten kochen lassen.
- Schmand, Creme fraîche, Sahne und Eier für die Soße verrühren.
- Gemüsebrühepulver in die Milch einrühren.
- Milch zur Eiersoße geben.
- Die Soße mit Pfeffer, Salz und Paprika abschmecken.
- Knödel in 4 – 5 Scheiben schneiden.
- Das Gemüse und die Knödel abwechselnd in eine gefettete Auflaufform schichten.
- Die Soße gleichmäßig über den Auflauf gießen.
- Mit dem Emmentaler Käse bestreuen.
- Bei 200° C etwa 30 Minuten im Backofen backen.

Leberkäse - Auflauf

Zutaten:

700 g Schupfnudeln (Kühlregal)
400 g Leberkäse   500 g Sauerkraut
100 g Champignons   1 große Zwiebel
3 Möhren   1 Kohlrabi
250 g Creme fraîche   2 Eier
1 TL Senf   1 Bund Schnittlauch
50 g geriebener Käse   Salz, Pfeffer, Paprika, Öl

Zubereitung:

- Sauerkraut gut ausdrücken und grob zerschneiden.
- Zwiebel und Champignons klein würfeln.
- Möhren und Kohlrabi fein raspeln.
- Schnittlauch fein hacken.
- Leberkäse in kleine Stücke schneiden.
- Zwiebel, Gemüse, Leberkäse, Pilze in Öl andünsten.
- Sauerkraut zugeben und mitdünsten.
- Mit Salz und Pfeffer würzen.
- In einer zweiten Pfanne die Nudeln goldgelb anbraten.
- Auch die Nudeln etwas würzen.
- Sauerkraut-Gemüse und Nudeln vermischen.
- Vermischtes in eine gefettete Auflaufform geben.
- Creme fraîche, Eier, Senf und Schnittlauch verrühren.
- Mit den Gewürzen abschmecken.
- Soße gleichmäßig über den Auflauf gießen.
- Käse überstreuen.
- Bei 200° C etwa 25 – 30 Minuten backen.

Makkaroni - Hack - Auflauf

Zutaten:

250 g kurze Makkaroni
100 g geriebener Käse
500 g Hackfleisch
4 Knoblauchzehen
3 EL Tomatenmark
Öl, Mehl, Salz, Pfeffer

400 g Aubergine
500 g Tomaten
4 Eier
2 Zwiebeln
150 ml Milch
1 TL Oregano

Zubereitung:

- In Salzwasser die Nudeln ca. 6 Minuten kochen.
- Die Nudeln kalt erschrecken und abtropfen lassen.
- Aubergine in ca. 1 cm dicke Scheiben schneiden.
- Scheiben von beiden Seiten salzen.
- Zwiebeln und Knoblauch klein hacken.
- Beides in einer Pfanne glasig dünsten.
- Das Hackfleisch zugeben und krümelig braten.
- Danach das Tomatenmark unterrühren.
- Mit Salz, Pfeffer und Oregano würzen.
- Aubergine mit Küchenpapier abtupfen.
- Abgetupftes in Mehl wenden und anbraten.
- Die Tomaten in Scheiben schneiden.
- Nudeln, Tomaten, Hackfleisch, Aubergine abwechselnd in eine Auflaufform schichten.
- Eier und Milch verrühren.
- Eiermilch salzen und pfeffern.
- Gewürzte Milch über den Auflauf gießen.
- Als letzte Schicht den Käse aufstreuen.
- Bei 200° C etwa 35 Minuten backen.

Makkaroni - Käse - Auflauf

Zutaten:

400 g kurze Makkaroni
2 Stangen Porree
100 g gekochter Schinken
3 Knoblauchzehen
100 g Champignons
150 g geriebener Käse (Gouda)
100 g geriebener Parmesankäse
4 EL gehackte Mandeln

500 g Brokkoli
2 Möhren
1 Zwiebel
30 g Butter
30 g Mehl
500 ml Milch
1 TL Senf, Öl
Salz, Pfeffer

Zubereitung:

- Porree, Möhren, Pilze und Schinken klein schneiden.
- Brokkoli in kleine Röschen zerteilen.
- Zwiebel und Knoblauch fein hacken.
- Makkaroni in Salzwasser garen.
- In den letzten 5 Minuten Brokkoli mitgaren.
- Möhren, Pilze und Porree in Öl andünsten.
- In einem Topf Zwiebel und Knoblauch mit der Butter glasig dünsten.
- Mehl darüber stäuben und anschwitzen lassen.
- Milch unter Rühren zugeben und 5 Minuten kochen.
- Je 100 g vom Parmesankäse und Gouda unterrühren.
- Mit Salz, Pfeffer und Senf abschmecken.
- Eine Auflaufform einfetten.
- Nudeln und Brokkoli abschütten.
- Käsesoße, Gemüse und Schinken untermischen.
- Mischung sofort in die Auflaufform geben.
- Mit dem Restkäse und den Mandeln überstreuen.
- Bei 175° C etwa 20 – 25 Minuten überbacken.

Möhren – Kohlrabi – Auflauf

Zutaten:

500 g Möhren
650 g Kartoffeln
3 Kohlrabi
400 g Hackfleisch
1 Stange Porree
1 Bund Frühlingszwiebeln
1 Zwiebel
3 Knoblauchzehen
4 Eier
100 g geriebener Käse
200 g Schmand
100 g saure Sahne
Salz, Pfeffer, Muskat, Olivenöl

Zubereitung:

- Porree, Frühlingszwiebeln in feine Ringe schneiden.
- Kartoffeln, Möhren, Kohlrabi in Scheiben schneiden.
- Alles in kochendem Salzwasser 5 – 7 Minuten garen.
- Gemüse gut abtropfen lassen.
- Zwiebel und Knoblauch fein hacken.
- Beides in Olivenöl glasig dünsten.
- Hackfleisch zugeben und krümelig braten.
- Gemüse und Hackfleisch vermischen.
- Schmand, Sahne und Eier verrühren.
- Mit den Gewürzen abschmecken.
- Soße unter das Gemüse-Hack mischen.
- Sofort in eine gefettete Auflaufform geben.
- Mit dem Käse überstreuen.
- Bei 180° C etwa 30 -40 Minuten backen.

Nudelauflauf

Zutaten:

500 g Vollkornnudeln
100 g Emmentaler Käse (gerieben)
100 g Emmentaler Käse (Scheiben)
250 g saure Sahne
4 Eier
8 - 10 frische Tomaten
Pfeffer, Oregano, Rosmarin, Petersilie
Butterflöckchen

Zubereitung:

- Die Nudeln kochen.
- Die Tomaten waschen und in Scheiben schneiden.
- Eine Auflaufform gut einfetten.
- Die Hälfte der Nudeln einfüllen.
- Halbe Menge der Tomaten auf die Nudeln geben.
- Mit 50 g Käse bestreuen.
- Andere Hälfte der Nudeln einfüllen.
- Mit dem restlichen Käse bestreuen.
- Die Sahne mit den Eiern verquirlen.
- Verquirltes über die Nudeln geben.
- Restliche Tomaten auf dem Auflauf verteilen.
- Mit Pfeffer, Oregano, Rosmarin und etwas Petersilie bestreuen.
- Emmentaler Käse in Streifen schneiden.
- Käse gitterartig über die Tomaten legen.
- Die Butterflöckchen oben aufsetzen.
- Auflauf bei 200° C etwa 30 - 35 Minuten überbacken.

Nudel - Gemüse - Auflauf

Zutaten:

450 g Bandnudeln
200 g grüne Bohnen (TK)
200 g Erbsen (TK)
1 Zwiebel
200 g Mozzarella
2 Möhren
4 Knoblauchzehen
1 Dose Pizzatomaten (400 g)
100 g Parmesankäse
100 g Emmentaler Käse (gerieben)
1 EL Oregano
Salz, Pfeffer, Öl

Zubereitung:

- In Salzwasser mit etwas Öl die Nudeln bissfest kochen.
- Nudeln unter kaltem Wasser erschrecken und gut abtropfen lassen.
- Möhren klein würfeln.
- Bohnen, Erbsen und Möhren in kochendem Salzwasser 8 Minuten garen.
- Gemüse abtropfen lassen.
- Mozzarella, Zwiebel und Knoblauch klein schneiden.
- Pizzatomaten, Zwiebeln, Knoblauch, Oregano und Gemüse in eine Schüssel geben.
- Alles gut vermischen.
- Mit Pfeffer und Salz abschmecken.
- Nudeln, Mozzarella und Parmesan untermischen.
- Alle Zutaten in eine gefettete Auflaufform geben.
- Den Emmentaler über den Auflauf streuen.
- Bei 200° C etwa 25 Minuten goldbraun backen.

Nudel - Kirsch - Auflauf

Zutaten:

400 g schmale Bandnudeln
1,5 l Milch
400 g Sauerkirschen (Glas)
200 g cremiger Brotaufstrich
70 g Zucker
1 Päckchen Vanillezucker
4 Eier
1 Prise Salz
4 EL Mandelblättchen

Zubereitung:

- Kirschen abtropfen lassen.
- Milch, Salz und Vanillezucker aufkochen lassen.
- Nudeln in der Milch al dente garen.
- Anschließend in einem Sieb gut abtropfen lassen.
- Eier, Zucker und Brotaufstrich verrühren.
- Eine Auflaufform einfetten.
- Halbe Nudelmenge in die Form geben.
- Die Kirschen darauf verteilen.
- Mit der Hälfte der Eiersoße übergießen.
- Restliche Nudeln einschichten.
- Rest der Eiersoße über den Auflauf gießen.
- Mit den Mandelblättchen überstreuen.
- Etwa 30 Minuten bei 175° C überbacken.

Nudel - Möhren - Erbsenauflauf

Zutaten:

300 g Erbsen (TK)
300 g Möhren (TK)
150 g Champignons
4 Knoblauchzehen
200 g gekochter Schinken
100 g geriebener Käse
150 ml Gemüsebrühe
3 EL Olivenöl

300 g Nudeln
1 Zwiebel
150 g Sahne
2 Eier
30 g Butter
30 g Mehl
2 TL Senf
Salz, Pfeffer

Zubereitung:

- Nudeln in Salzwasser al dente kochen.
- Abgießen und mit kaltem Wasser erschrecken.
- Gut abtropfen lassen.
- Champignons klein schneiden.
- Zwiebeln und Knoblauch klein hacken.
- Beides im Olivenöl glasig dünsten.
- Erbsen, Möhren und Champignons zugeben und fünf Minuten dünsten lassen.
- Schinken in kleine Stücke schneiden.
- Nudeln, Gemüse und Schinken vermischen.
- Mischung in eine gefettete Auflaufform füllen.
- Butter in einem Topf schmelzen.
- Mehl einrühren und goldgelb anschwitzen lassen.
- Brühe und Sahne nach und nach einrühren.
- Kurz aufkochen lassen.
- Mit Pfeffer, Salz und Senf abschmecken.
- Topf vom Herd nehmen.
- Die verquirlten Eier langsam einrühren.
- Soße über den Auflauf gießen, Käse überstreuen.
- Bei 200° C etwa 30 Minuten überbacken.

Pilz - Kartoffel - Auflauf

Zutaten für 5 – 6 Personen:

1 kg gemischte Pilze
1200 g Kartoffeln
3 Knoblauchzehen
1 grüne Paprika
100 g Schmand
200 g Creme fraîche
3 EL Basilikumblätter

1 kg Porree
3 Zwiebeln
3 Möhren
4 Tomaten
4 Eigelb
200 g geriebener Käse
Salz, Pfeffer, Olivenöl

Zubereitung:

- Pilze, Paprika, Tomaten und Porree klein schneiden.
- Kartoffel und Möhren grob raspeln.
- Zwiebeln und Knoblauch fein hacken.
- Beides in einer großen Pfanne mit Öl glasig dünsten.
- Pilze zugeben und ein paar Minuten anbraten.
- Pilze beiseite stellen.
- Porree, Möhren und Paprika in der Pfanne andünsten.
- Ebenfalls beiseite stellen.
- Kartoffeln kurz anbraten.
- Angebratenes Gemüse und Tomaten zugeben.
- Salzen und Pfeffern.
- Alles zusammen kurz dünsten.
- Basilikum fein hacken.
- Schmand, Creme fraîche, 100 g Käse, Basilikum und Eigelb verrühren.
- Mit den Gewürzen abschmecken.
- Soße mit dem Auflaufgemüse gut vermengen.
- Alles in eine gefettete große Auflaufform geben.
- Mit dem Restkäse überstreuen.
- Bei 220° C etwa 30 – 35 Minuten überbacken.

Rosenkohlauflauf

Zutaten:

1 kg Rosenkohl
40 g Butter
200 g gekochter Schinken
1 Ei
200 g geriebener Käse
2 Zwiebeln
1 Becher Saure Sahne
1 Bund Schnittlauch
Kräuter der Provence
3 Knoblauchzehen
Salz, Pfeffer, Basilikum
Muskat, Kresse

Zubereitung:

- Rosenkohl putzen.
- In 250 ml Salzwasser garen.
- Zwiebeln und Schinken würfeln.
- Gewürfeltes in der Butter dünsten.
- Zusammen mit dem Rosenkohl in eine Auflaufform füllen.
- Knoblauch zerquetschen.
- Käse, Knoblauch, Ei, saure Sahne und die Kräuter verrühren.
- Die Mischung mit den Gewürzen abschmecken.
- Abgeschmeckte Sauce über das Gemüse gießen.
- Bei 190° C ca. 20 Minuten im Backofen überbacken.

Tortilla - Auflauf

Zutaten:

600 g Hackfleisch
100 g Blockschokolade, zartbitter
8 Maismehl-Tortillas
1 große Dose Tomatenpüree
5 Knoblauchzehen
1 Dose Kidneybohnen
200 ml Fleischbrühe
je 1 TL Salz und Oregano

200 g Zwiebeln
250 g Mozzarella
1 rote Paprika
1 gelbe Paprika
1 grüne Paprika
1 Dose Mais
1 TL Chilipulver
Pfeffer, Öl

Zubereitung:

- Zwiebeln und Knoblauch klein hacken.
- In einer hohen Pfanne in Öl glasig dünsten.
- Hackfleisch zugeben und krümelig braten.
- Paprika in kleine Stücke schneiden.
- Zusammen mit Mais, Bohnen, Tomaten und Brühe zum Fleisch geben.
- Etwa 30 Minuten köcheln lassen.
- Schokolade in kleine Stücke hacken.
- Wenn die Flüssigkeit der Fleisch-Gemüsemasse verkocht ist, Schokolade zugeben und schmelzen lassen.
- Mit Chili, Salz, Pfeffer und Oregano abschmecken.
- Die Tortillas weich braten (evtl. auch im Backofen oder Mikrowelle).
- Anschließend mit dem Chili füllen und zu Rollen drehen.
- Gerollte Tortillas in eine Auflaufform geben.
- Restliche Chilimasse darüber geben.
- Mozzarella in Scheiben schneiden und ebenfalls über die Tortillas legen.
- Bei 175° C etwa 15 Minuten überbacken.

Pfannengerichte

für Pfannen mit Sti(e)l

Hack - Kartoffel - Tortilla

Zutaten:

700 g Kartoffeln
500 g Hackfleisch
150 g Champignons
3 Möhren
100 g Oliven
1 Zwiebel
3 Knoblauchzehen
8 Eier
½ Bund Salbei
1 EL Tomatenmark
Olivenöl
Salz, Pfeffer, Paprika

Zubereitung:

- Kartoffeln 20 Minuten in der Schale kochen.
- Abpellen und klein würfeln.
- Pilze in kleine Stücke schneiden.
- Möhren raspeln.
- Oliven vierteln.
- Zwiebel und Knoblauch fein hacken.
- Beides in Olivenöl glasig dünsten.
- Hackfleisch zugeben und krümelig braten.
- Tomatenmark unterrühren.
- Salzen und Pfeffern.
- Fleisch beiseite stellen.
- Pilze in Olivenöl anbraten.
- Möhren kurz mitdünsten.
- Ebenfalls beiseite stellen.
- Salbei fein hacken.
- Eier verschlagen und würzen.

- Kartoffeln in einer großen beschichteten Pfanne anbraten.
- Pilze, Fleisch, Oliven, Salbei und Möhren untermengen.
- Eiermasse über die Kartoffeln gießen.
- Bei kleiner Hitze zugedeckt ca. 20 Minuten stocken lassen.

Mexikanische Tortilla

Zutaten:

500 g Hackfleisch
850 g Kartoffeln
1 Bund Frühlingszwiebeln
1 rote Paprika
1 Dose Kidneybohnen
1 Zwiebel
4 Knoblauchzehen
6 Eier
125 ml Milch
Salz, Pfeffer, Paprika, Öl

Zubereitung:

- Kartoffeln klein würfeln.
- Mit Öl etwa 15 Minuten auf kleiner Flamme anbraten.
- Frühlingszwiebeln und Paprika klein schneiden.
- Zwiebel und Knoblauch fein hacken.
- Beides in einer großen Pfanne in Öl glasig dünsten.
- Hackfleisch zugeben und krümelig braten.
- Frühlingszwiebeln, Paprika und Kartoffeln zugeben.
- Bohnen ebenfalls untermengen.
- Salzen und Pfeffern.
- Alles zusammen etwa 5 Minuten braten.
- Eier und Milch verquirlen.
- Mit den Gewürzen abschmecken.
- Eiermilch gleichmäßig über das Fleischgemüse gießen.
- Zugedeckt etwa 10 – 15 Minuten auf kleiner Flamme stocken lassen.

Nudel - Gemüse - Hackpfanne

Zutaten:

500 g Hackfleisch
100 g Champignons
300 g kurze Röhrennudeln
2 Tomaten
450 g Zucchini
250 g Möhren
1 Zwiebel
4 Knoblauchzehen
2 EL Kräutermischung
Chilipulver
2 EL Tomatenmark
Salz, Pfeffer, Öl
Parmesankäse

Zubereitung:

- Nudeln in kochendem Salzwasser al dente kochen.
- Zwiebeln und Knoblauch klein hacken.
- Knoblauch und Zwiebeln in Öl glasig dünsten.
- Hackfleisch zugeben und krümelig braten.
- Tomatenmark unterrühren.
- Möhren und Zucchini in schmale Streifen reiben.
- Pilze und Tomaten in kleine Stücke schneiden.
- Alles unter das Hackfleisch mischen.
- Etwa 10 Minuten weiter braten.
- Mit den Gewürzen und den Kräutern abschmecken.
- Nudeln gut abtropfen lassen.
- Abgetropftes unter die Gemüse-Fleisch-Mischung rühren.
- Noch einmal kurz durchbraten.
- Mit Parmesan überstreut servieren.

Spätzle - Bohnen - Pfanne

Zutaten:

400 g Spätzle (Kühlregal)
400 g Mettwurst
1 großes Glas Dicke Bohnen
500 g Spitzkohl
250 ml Gemüsebrühe
1 Zwiebel
Salz, Pfeffer, Öl
frischer Salbei

Zubereitung:

- Spitzkohl klein schneiden.
- Salbei klein hacken.
- Bohnen in kochendem Salzwasser etwa 5 – 7 Minuten garen.
- Spätzle nach Packungsanweisung kochen.
- Kohl in einer Pfanne mit Öl etwa 4 – 5 Minuten braten.
- Salzen und pfeffern.
- Gewürztes aus der Pfanne nehmen.
- Würstchen in dünne Scheiben schneiden.
- Zwiebel fein hacken.
- Beides in der Pfanne ein paar Minuten anbraten.
- Spätzle abgießen und in die Pfanne geben.
- Etwa 4 Minuten weiterbraten.
- Bohnen, Kohl, Salbei und Brühe untermengen.
- Alles zusammen erwärmen.
- Mit Salz und Pfeffer abschmecken.

Salate

in allen Farben

Bunter Bohnensalat

Zutaten für 4 – 5 Personen:

1 Dose Kidney-Bohnen
1 Dose schwarze Bohnen
1 Dose Mais
350 g Cherrytomaten
100 g Oliven
1 Bund Frühlingszwiebeln
2 kleine Mangos
1 grüne Paprika
3 Knoblauchzehen
3 EL Schnittlauch (gehackt)
3 EL Petersilie (gehackt)
3 EL Walnüsse (grob gehackt)
5 EL Kürbiskernöl
2 EL Balsamico
2 EL Zitronensaft
Salz, Pfeffer

Zubereitung:

- Bohnen und Mais abschütten.
- Tomaten und Oliven vierteln.
- Knoblauch und Frühlingszwiebeln fein hacken.
- Mangos und Paprika klein würfeln.
- Alles zusammen in eine große Schüssel füllen.
- Mit den Kräutern und Nüssen vermengen.
- Öl, Balsamico und Zitronensaft unterrühren.
- Mit Salz und Pfeffer abschmecken.
- Etwa 2 – 3 Stunden im Kühlschrank durchziehen lassen.

Exotischer Reissalat

Zutaten:

350 g Reis
300 g Zuckererbsenschoten
1 Dose Mais
125 g Cashewnüsse
75 g Rosinen
1 große Zwiebel
3 Knoblauchzehen
1 l Gemüsebrühe
100 ml Weißwein
3 TL Sojasauce (Dressing)
5 EL Sonnenblumenöl (Dressing)
3 EL Limettensaft (Dressing)
Salz, Pfeffer

Zubereitung:

- Zuckerschoten in kleine Stücke schneiden.
- Den Reis in der Gemüsebrühe bissfest kochen.
- Nach der halben Kochzeit Schoten, Wein und Mais zugeben.
- Reis abschütten und etwas abkühlen lassen.
- Zwiebel und Knoblauch fein hacken
- Beides in etwas Öl glasig dünsten.
- Cashewnüsse kurz mitdünsten.
- Zusammen mit den Rosinen unter den Reis mengen.
- Sojasauce, Öl und Limettensaft zu einem Dressing verrühren.
- Mit Salz und Pfeffer abschmecken.
- Dressing unter den Reis rühren.
- Mindestens drei Stunden durchziehen lassen.
- Auf einer Platte angerichtet servieren.

Frischer Nudelsalat

Zutaten:

250 g Nudeln (z.B. Fusilli)
400 g Paprika (Farben gemischt)
175 g Möhren
1 Bund Lauchzwiebeln
200 g Kirschtomaten
100 g Cornichons
½ Bund Dill
100 g Miracle Whip
150 g Naturjoghurt
Salz, Pfeffer

Zubereitung:

- Die Nudeln in Salzwasser al dente kochen.
- Alle Gemüsezutaten klein schneiden.
- Miracle Whip, Joghurt und 6 EL Gurkenwasser verrühren.
- Dill klein hacken und zugeben.
- Nudeln, Gemüse und Sauce gut vermischen.
- Mit Salz und Pfeffer abschmecken.
- Mindestens eine Stunde ziehen lassen.

Gemüse - Reis - Salat

Zutaten:

100 g Erbsen (TK)
1 gelbe Paprika
2 EL grüne Oliven
2 EL schwarze Oliven
2 Knoblauchzehen
100 g Mais
3 EL Balsamico-Essig (weiß)
2 EL Petersilie

1 rote Paprika
1 Zucchini
1 Möhre
1 Tomate
1 Zwiebel
200 g Reis
7 EL Öl

Zubereitung:

- In reichlich Salzwasser den Reis kochen.
- Reis mit kaltem Wasser erschrecken und abtropfen lassen.
- Möhre, Zucchini, Paprika, Oliven und Tomate klein schneiden.
- Knoblauch und Zwiebel fein hacken.
- Beides in wenig Öl andünsten.
- Paprika ein paar Minuten mitdünsten.
- Möhre, Erbsen und Zucchini ebenfalls ein paar Minuten mitgaren.
- Danach den Mais etwas mitbraten.
- Petersilie fein hacken.
- Reis mit dem gebratenen Gemüse vermischen.
- Oliven und Tomate unterrühren.
- Essig, Öl, Pfeffer und Salz verrühren.
- Essigmischung unter den Salat mischen.
- Zum Schluss die Petersilie untermengen.

Nudelsalat 300

Zutaten:

300 g kleine Nudeln
300 g Bohnen oder Erbsen oder gemischt (TK)
300 g Cherry - Tomaten
300 g Gewürzgurken
300 g Miracle Whip
1 Dose Mais
2 Paprikaschoten (rot, gelb)
150 g gekochter Schinken
Salz, Pfeffer, Öl

Zubereitung

- Nudeln in Salzwasser al dente kochen.
- Hülsenfrüchte nach Packungsanweisung garen.
- Tomaten und Gurken klein schneiden.
- Paprika klein würfeln.
- Gegarte Nudeln mit kaltem Wasser erschrecken.
- Erschreckte Nudeln gut abtropfen lassen.
- Die Nudeln, Gemüse und Mais in einer Schüssel vermischen.
- Schinken klein schneiden.
- Kleinen Schinken ebenfalls unter die Nudeln mischen.
- Miracle Whip unterrühren.
- Mit Salz und Pfeffer abschmecken.
- Salat eine Stunde im Kühlschrank durchziehen lassen.

Nudelsalat mit Bärlauchpesto

Zutaten:

300 g kleine Nudeln (z.B. Mini-Farfalle)
200 g Mozzarella (in kleinen Kugeln)
1 gelbe Paprika
250 g Cherrytomaten
100 g Cornichons
1 Bund Frühlingszwiebeln
100 g gekochter Schinken
3 EL Bärlauch-Pesto (Fertigprodukt im Glas)
250 g Naturjoghurt
Salz, Pfeffer, Olivenöl, Zucker

Zubereitung:

- Nudeln in Salzwasser al dente garen.
- Mit kaltem Wasser erschrecken.
- Erschrockene Nudeln abkühlen lassen.
- Die Paprika, Tomaten, Cornichons, Zwiebeln und den Schinken in kleine Stücke schneiden.
- Alles zusammen mit dem Mozzarella unter die Nudeln mengen.
- Pesto und Joghurt verrühren.
- Pestosauce mit Salz, Pfeffer und Zucker abschmecken.
- Wenn's schmeckt, unter den Salat rühren.
- Salat noch einmal insgesamt abschmecken.
- Mindestens eine Stunde ziehen lassen.

Nudelsalat mit Basilikum

Zutaten:

300 g kleine Nudeln
1 Zucchini
2 Paprikaschoten
1 Bund Frühlingszwiebeln
1 Zwiebel
3 Knoblauchzehen
2 mittelgroße Möhren
100 g Basilikumpesto (Fertigprodukt im Glas)
40 g Parmesankäse (gerieben)
2 EL Balsamicoessig
6 EL Olivenöl
Salz, Pfeffer

Zubereitung:

- Nudeln in Salzwasser al dente kochen.
- Gekochte Nudeln mit kaltem Wasser erschrecken.
- Paprika und Zucchini in kleine Würfel schneiden.
- Möhren fein raspeln.
- Zwiebel, Knoblauch und Frühlingszwiebeln klein hacken.
- Kleingehacktes mit 2 EL Öl glasig dünsten.
- Gemüse, Restöl und Balsamico zugeben.
- Salzen und Pfeffern.
- Alles zusammen etwa 5 Minuten garen.
- Gemüse und Nudeln vermengen.
- Parmesan und Pesto untermischen.
- Noch einmal mit den Gewürzen abschmecken.
- Mindestens 2 Stunden im Kühlschrank ziehen lassen.

Nudelsalat mit Gemüse

Zutaten:

300 g Nudeln
3 Stangen Porree
1 große Kohlrabi
2 große Möhren
200 g Mixgemüse (TK)
1 Dose Mais
250 g Miracle Whip
200 g saure Sahne
200 ml Gemüsebrühe
2 EL gehackte Petersilie
Salz, Pfeffer, Öl

Zubereitung

- Porree in Ringe schneiden.
- Kohlrabi und Möhren klein würfeln.
- Kleines Gemüse mit Mixgemüse in Öl andünsten.
- Gemüsebrühe zugeben und alles bissfest garen.
- Nudeln al dente kochen.
- Anschließend mit kaltem Wasser erschrecken.
- Gegartes Gemüse und Nudeln abtropfen lassen.
- Gemüse, Mais und Nudeln vermischen.
- Miracle Whip und saure Sahne verrühren.
- Mit Salz und Pfeffer abschmecken.
- Miracle – Sahne unter den Nudelsalat mengen.
- Noch einmal abschmecken und Dill überstreuen.
- Salat mindestens eine Stunde im Kühlschrank durchziehen lassen.

Nudelsalat mit Lauch

Zutaten:

300 g kleine Nudeln
2 Stangen Porree
250 g Zuckererbsenschoten
1 rote Paprika
1 Stück Sellerie
1 Dose Mais
2 EL kleine Basilikumblätter
100 ml Gemüsebrühe
Olivenöl, Balsamico-Essig (weiß)
Salz, Pfeffer, Öl

Zubereitung

- Porree in feine Ringe schneiden.
- Paprika klein würfeln.
- Sellerie raspeln.
- Zuckererbsenschoten in kleine Stücke schneiden.
- Nudeln in Salzwasser al dente kochen.
- Zuckererbsenschoten etwa 2 Minuten mit ins Nudel-wasser geben.
- Anschließend beides mit kaltem Wasser erschrecken.
- Porree in Öl kurz andünsten.
- Paprika, Sellerie, Mais und Brühe zugeben.
- Etwa 3 – 4 Minuten dünsten.
- Mit Salz und Pfeffer abschmecken.
- Alles mit den Nudeln vermengen.
- Mit Balsamico und Olivenöl abschmecken.
- Mit den Basilikumblättern garnieren.
- Salat eine Stunde im Kühlschrank durchziehen lassen.

Nudelsalat mit Thunfisch

Zutaten für 6 Personen:

400 g kleine Nudeln (z.B. Mini-Farfalle)
1 Dose Thunfisch (in eigenem Saft)
300 g Cherrytomaten
2 Paprika
80 g schwarze Oliven
2 kleine rote Zwiebeln
120 ml Gemüsebrühe
50 g Rucola
1 TL Senf
1 EL Honig
6 EL Balsamico
6 EL Olivenöl
Salz, Pfeffer

Zubereitung:

- Nudeln in Salzwasser al dente kochen.
- Zwiebeln und Paprika klein schneiden.
- Beides in etwas Öl anbraten.
- Tomaten und Oliven ebenfalls klein schneiden.
- Thunfisch klein zupfen.
- Alles zusammen mit den gekochten Nudeln vermischen.
- Balsamico, Öl, Senf, Honig und Brühe verquirlen.
- Mit Salz und Pfeffer abschmecken.
- Verquirltes unter den Salat mischen.
- Salat kalt stellen.
- Rucola evtl. etwas zerkleinern.
- Vor dem Servieren Rucola unterheben.

Tortellini – Gorgonzola – Salat

Zutaten für 6 Personen:

500 g kleine Tortellini
250 g Gorgonzola
1 gelbe Paprika
1 grüne Paprika
250 g Cherrytomaten
5 kleine Gewürzgurken
2 Stangen Porree
1 kleine Dose Mais
6 EL Milch
3 EL Basilikum (gehackt)
Gemüsebrühe
Salz, Pfeffer, Oregano

Zubereitung:

- Tortellini nach Packungsanweisung in Gemüsebrühe al dente garen.
- Paprika, Gurken, Tomaten und Lauch klein schneiden.
- Gemüse mit den Tortellini vermengen.
- Mais und Basilikum untermischen.
- Gorgonzola mit der Milch schmelzen lassen.
- Käsesauce unter die Salatmasse rühren.
- Mit den Gewürzen abschmecken.
- Kalt oder lauwarm servieren.

Exotisches

scharf oder nicht scharf,
das ist hier die Frage

Gäng Thua
Bohnen - Curry

Zutaten:

300 g Hühnchenfleisch
50 g Chilipaste (Currypaste)
2 Dosen Kokosnussmilch
1 Dose (Glas) schwarze Bohnen
50 g getrocknete Shiitake – Pilze
50 g Bambussprossenkeime
50 g grüne asiatische Bohnen
2 EL Palmzucker
4 EL Nam Pla (Fischsauce)
1 EL Koriander (klein gehackt)

Zubereitung:

- Pilze eine Stunde in warmem Wasser einweichen.
- Grüne Bohnen in 2 cm lange Stücke schneiden.
- Hühnerfleisch klein würfeln.
- Weiche Pilze klein schneiden.
- Schwarze Bohnen abtropfen lassen.
- Eine halbe Dose der Kokosnussmilch zum Kochen bringen.
- Chilipaste unterrühren
- Hühnerfleisch und Pilze zugeben
- Beides kurz in der Kokos – Chili – Milch anbraten.
- Zucker, Bambussprossen, grüne Bohnen und Fischsauce unterrühren.
- Die restliche Milch zugießen.
- Curry mindestens 10 Minuten köcheln lassen.
- Schwarze Bohnen und Koriander dazugeben.
- Alles zusammen noch einmal 5 Minuten köcheln.
- Mit asiatischem Duftreis servieren.

Muh Sate
Fleischspieße mit Erdnusssauce

Zutaten: (für ca. 15 Spießchen)

500 g Putenfilet oder Hähnchenbrustfilet
1 Zwiebel
3 Knoblauchzehen
1 EL Fischsauce
1 EL Zucker
Öl, kaltes Wasser
Schaschlikspieße
Erdnusssauce (Fertigprodukt)

Zubereitung:

- Das Fleisch in lange Streifen schneiden.
- Die Schaschlikspieße einölen (dann lässt sich das Fleisch nach dem Braten besser abziehen).
- Das Fleisch ziehharmonikamäßig auf die Spieße stecken.
- Zwiebel und Knoblauch klein hacken.
- Beides mit Fischsauce, Zucker, Öl und etwas kaltem Wasser vermischen.
- Die Mischung über die Spieße gießen.
- Mindestens 30 Minuten marinieren lassen.
- Spieße anschließend grillen, oder in einer großen Pfanne von allen Seiten anbraten.
- Dazu lauwarme Erdnusssauce servieren.

Khao Phad Sapparod
Gebratener Reis mit Ananas

Zutaten:

250 g asiatischer Duftreis
1 EL Koriander
3 EL Rosinen
1 Ananas
3 Knoblauchzehen
2 Zwiebeln
2 EL Tomatenketchup
2 Tomaten
1 EL Palmzucker
2 Eier
2 EL Nam Pla (Fischsauce)
3 EL Öl

Zubereitung:

- Den Reis kochen und abkühlen lassen.
- Zwiebeln, Tomaten und Ananas in kleine Stücke schneiden.
- Öl in einem Wok (große Pfanne) erhitzen.
- Den feingehackten Knoblauch goldgelb anbraten.
- Eier hinzugeben, verrühren und hellbraun braten.
- Die Zwiebeln und den Koriander dazugeben.
- Etwa eine Minute mitbraten.
- Tomatenwürfel, Ananasstücke, Rosinen und Reis hinzufügen.
- Unter Rühren heiß werden lassen.
- Mit Nam Pla, Ketchup und Palmzucker abschmecken.

Khao Phad Makheua Thaed
Gebratener Reis mit Tomaten

Zutaten:

200 g asiatischer Duftreis
2 Frühlingszwiebeln
2 Zwiebeln
4 EL Fischsauce
2 EL Öl
3 EL Tomatenketchup
3 Tomaten
3 Knoblauchzehen
1 EL Palmzucker
Chilipulver

Zubereitung:

- Den Reis kochen und abkühlen lassen.
- Zwiebeln und Knoblauch fein hacken.
- Frühlingszwiebeln und Tomaten klein schneiden.
- In einem Wok (große Pfanne) das Öl heiß werden lassen.
- Die Zwiebeln und Knoblauch darin anbraten.
- Die Tomaten und die Frühlingszwiebeln dazugeben.
- Kurz mitbraten.
- Danach den Reis hinzugeben und alles gut umrühren.
- Etwas anbraten lassen bis alles sehr heiß ist.
- Mit Fischsauce, Chilipulver, Ketchup und Zucker abschmecken.

Pla Duk Phad Pet
Gebratener Wels

Zutaten:

1 kg Wels (oder anderen Süßwasserfisch)
2 EL Chilipaste
2 EL Kapaublätter (aus Asia-Laden)
1 TL Zucker
Öl, Wasser
Nam Pla (Fischsauce)

Zubereitung:

- Fisch säubern und ausnehmen.
- Leeren Fisch in ca. 1,5 cm lange Stücke schneiden.
- Stücke im Wok mit etwas Öl anbraten.
- Gebratene Stücke beiseitelegen.
- Kapaublätter mit wenig Öl anbraten.
- Blätter ebenfalls beiseitelegen.
- Chilipaste mit Zucker, Nam Pla und etwas Wasser anbraten.
- Fischstücken zugeben und zusammen fertig braten.
- Kapaublätter vor dem Anrichten dazugeben.

Gäng Phak
Gemüse – Curry

Zutaten:

250 g Zuckererbsenschoten
1 Bund Frühlingszwiebeln
300 g Möhren
600 g Kartoffeln
4 Knoblauchzehen
20 g Ingwer
2 EL Currypaste (Chilipaste)
2 Dosen Kokosnussmilch
Nam Pla (Fischsauce)
Salz, Pfeffer, Palmzucker

Zubereitung:

- Frühlingszwiebeln in Ringe schneiden.
- Knoblauch und Ingwer sehr fein hacken.
- Möhren in dünne Scheiben schneiden.
- Kartoffeln klein würfeln.
- Zuckererbsenschoten der Länge nach dritteln.
- Eine halbe Dose Kokosnussmilch zum Kochen bringen.
- Currypaste unterrühren und in der Milch auflösen.
- Zwiebeln, Ingwer, Kartoffeln, Möhren und Knoblauch zugeben und andünsten.
- Restliche Milch unterrühren.
- Etwa 15 Minuten köcheln lassen.
- Kurz vor Ende der Köchelzeit die Zuckererbsenschoten zugeben.
- Mit Gewürzen, Zucker und Fischsauce abschmecken.
- Mit asiatischem Duftreis servieren.

Phad Kapau
Hackfleisch mit Kapau

Zutaten:

500 g Hackfleisch (Schwein, Rind, Huhn)
1 EL Chilipaste (Currypaste)
1 TL Zucker
2 EL Kapaublätter (aus Asia-Laden)
Öl, Sojasauce
Nam Pla (Fischsauce)

Zubereitung:

- Im heißen Öl die Chilipaste auflösen.
- Das Fleisch darin anbraten.
- Mit der Sojasauce, Nam Pla und Zucker abschmecken.
- Kapaublätter vor dem Anrichten dazugeben.
- Dazu thailändischen Duftreis oder gebratenen Reis servieren.

Kai Kau Puht
Hühnchen mit Mais

Zutaten:

500 g Hühnerbrustfilet
3 EL Nam Pla (Fischsauce)
3 Frühlingszwiebeln
4 EL Öl
2 Knoblauchzehen
1 EL Zucker
2 EL Austernsauce
400 g eingelegte Maiskölbchen
Pfeffer

Zubereitung:

- Hühnerbrust in dünne Streifen schneiden.
- Mit Nam Pla, Pfeffer und etwas Öl zehn Minuten marinieren.
- Maiskölbchen abtropfen lassen.
- Der Länge nach halbieren.
- Frühlingszwiebeln in etwa 3 cm lange Stücke schneiden.
- Knoblauch klein hacken.
- Öl in Wok oder Pfanne erhitzen.
- Knoblauch, Frühlingszwiebeln und Maiskölbchen darin anbraten.
- Hühnerbrust dazugeben und ebenfalls unter Rühren braten.
- Mit Nam Pla, Austernsauce und Zucker abschmecken.
- Dazu thailändischen Duftreis servieren.

Gäng Kai Kathü
Hühner - Kokoscurry

Zutaten:

600 g Hühnerbrustfilet
400 ml Kokosmilch
100 ml Wasser
1 TL milde Chilipaste (Currypaste)
1 EL Fischsauce
2 EL Zucker
Thai Basilikum
1 frische rote Chili

Zubereitung:

- Hühnerfleisch in dünne Streifen schneiden.
- Kokosmilch, Wasser und Chilipaste in einem Topf erhitzen.
- Das Fleisch dazugeben.
- Fünf Minuten köcheln lassen bis das Fleisch gar ist.
- Chili klein schneiden.
- Fischsauce, Zucker und Chili zum Fleisch geben.
- Mit thailändischem Basilikum bestreut servieren.
- Dazu asiatischen Duftreis servieren.

Kai Phad Met Ma Muang
Hühnerbrust mit Cashewnüssen

Zutaten:

500 g Hühnerbrustfilet
100 g ungesalzene Cashewnüsse
2 Tomaten
200 g Champignons
1 EL Zucker
1 Bund Frühlingszwiebeln
Sojasauce
2 EL Austernsauce
2 EL Nam Pla (Fischsauce)
7 EL Öl

Zubereitung:

- Hühnerbrust in Streifen schneiden.
- In der Sojasauce und etwas Öl 10 Minuten einlegen.
- Öl in einem Wok erhitzen.
- Nüsse darin unter ständigem Rühren goldgelb braten.
- Nüsse dann auf Küchenpapier abfetten lassen.
- Frühlingszwiebeln in 2 cm lange Stücke schneiden.
- Die Tomaten und die Champignons in große Würfel schneiden.
- Öl im Wok erhitzen.
- Hühnerstreifen darin etwa zwei Minuten anbraten.
- Tomaten, Zwiebeln, Champignons und Cashewnüsse zugeben.
- Alles unter Rühren kurz braten.
- Hitze etwas verringern.
- Mit Fisch-, Austernsauce und Zucker abschmecken.
- Dazu thailändischen Duftreis servieren.

Gäng Masaman
Muslimisches Curry

Zutaten:

500 g Hühnerfleisch
1 Zimtstange
4 Kardamonsamen
2 Zwiebeln
3 EL brauner Zucker
2 TL Chilipaste
3 EL Fischsauce
2 Lorbeerblätter
3 EL Tamarindensauce
1 l Kokosmilch
50 g ungesalzene Erdnüsse

Zubereitung:

- Hühnerfleisch in Streifen schneiden.
- Zwiebeln klein würfeln.
- Kardamonsamen und Zimtstange in einem Wok (oder großer Pfanne) etwa 8 Minuten rösten.
- Die Chilipaste und die Hälfte der Kokosmilch in einem Topf erhitzen.
- Milch etwas köcheln lassen.
- Fleisch hinzufügen und etwa 10 Minuten anbraten.
- Restliche Kokosmilch zugeben und zum Kochen bringen.
- Alle restlichen Zutaten hinzufügen.
- Nochmals 10 Minuten köcheln lassen.
- Kardamonsamen, Zimtstange und Lorbeerblätter entfernen.
- Mit asiatischem Duftreis servieren.

Gebackenes

mit und ohne Backblech

Blätterteigröllchen

Zutaten für ca. 18 Stück:

3 Platten Blätterteig (TK)
1 Ei
100 g gekochter Schinken
100 g Gorgonzola

Zubereitung:

- Blätterteigplatten auftauen.
- Schinken und Gorgonzola fein würfeln.
- Blätterteigplatten einzeln auf einer bemehlten Platte auf doppelte Größe ausrollen.
- Jede Platte in 6 Vierecke teilen.
- Eier trennen.
- Die Teigränder mit verquirltem Eiweiß bestreichen.
- Schinken und Gorgonzola gleichmäßig auf die Teigstücke verteilen.
- Teigstücke mit der Füllung zu fingerdicken Röllchen formen.
- Teigränder fest zusammendrücken.
- Röllchen auf ein mit Backpapier ausgelegtes Backblech legen.
- Eigelb und etwas Wasser verquirlen und auf die Röllchen streichen.
- Bei 200° C etwa 15 – 20 Minuten backen.
- Dazu passt die Tomatensoße der Spinatknödel.

Blech – Spätzle mit Gemüse

Zutaten:

500 g Spätzle
4 Stangen Porree
200 g Champignons
3 Paprika (Farben gemischt)
250 g Cherry – Tomaten
6 Eier
300 ml Sahne
125 g geriebener Käse
Petersilie
Salz, Pfeffer, Paprika, Öl

Zubereitung:

- Paprika klein würfeln.
- Porree und Pilze in dünne Scheiben schneiden.
- Tomaten vierteln.
- Spätzle nach Packungsanweisung kochen.
- Etwa 8 Minuten vor Ende der Kochzeit Porree zugeben.
- Pilze in Öl kurz anbraten.
- Eier, 100 g Käse und Sahne verquirlen.
- Mit den Gewürzen abschmecken.
- Spätzle – Porree gut abtropfen lassen.
- Abgetropftes mit dem Gemüse vermengen.
- Eiersahne unterrühren.
- Sofort auf ein gefettetes Backblech geben.
- Mit dem Restkäse überstreuen.
- Bei 200° C etwa 25 – 30 Minuten backen.
- Mit gehackter Petersilie überstreut servieren.

Champignon - Reis - Kuchen

Zutaten Teig:

1½ EL Sesamkörner
200 g gekochter Reis
1 Ei
1 TL Petersilie

Zutaten Füllung:

2 EL Hühnerbrühe
1 Zwiebel
1 Paprika
250 g Champignons
2 Eier
200 ml Kondensmilch
1 EL Parmesankäse
2 Prisen Paprikapulver

Zubereitung:

- Für den Teig die Sesamkörner bei geringer Hitze goldbraun rösten.
- Alle Zutaten für den Teig gut vermischen
- Teig fest in eine gefettete Springform drücken.
- Dabei einen Rand mit hochziehen.
- Zwiebeln, Paprika und Champignons klein schneiden.
- Alles in erhitzte Hühnerbrühe geben.
- Unter Rühren 4 – 5 Minuten andünsten.
- Die Mischung auf den Teigboden geben.
- Eier und Milch verschlagen.
- Geschlagenes über die Füllung geben.
- Mit Käse und Paprikapulver bestreuen.
- Bei 180°C etwa 30 Minuten backen.

Gemüse - Tortilla

Zutaten:

7 Eier
1 grüne Paprikaschote
1 Zucchini
3 mittelgroße Möhren
5 mittelgroße Champignons
2 Stangen Porree
15 kleine Cherrytomaten
1 Zwiebel
3 Knoblauchzehen
20 Mini – Mozzarellakugeln
200 g Creme fraîche
100 ml Weißwein
Salz, Pfeffer, Oregano, Olivenöl

Zubereitung:

- Mozzarellakugeln halbieren.
- Die Zwiebel und Knoblauch fein hacken.
- Möhren raspeln.
- Übriges Gemüse in kleine Stücke schneiden.
- Zwiebel und Knoblauch im Öl glasig dünsten.
- Porree zugeben und kurz mitdünsten.
- Restliches Gemüse untermengen.
- Zusammen mit dem Wein etwa 10 Minuten garen.
- Immer mal wieder umrühren.
- Salzen und Pfeffern.
- Eier und Creme fraîche verschlagen.
- Mit Salz, Pfeffer und Oregano abschmecken.
- Gemüse und Käse in eine gefettete Tarteform geben.
- Eiercreme über das Gemüse gießen.
- Bei 180° C etwa 40 Minuten stocken lassen.

Gemüse - Lasagne

Zutaten:

10 – 12 Lasagneblätter
500 g Hackfleisch
500 g Porree
350 g Möhren
350 g Staudensellerie
350 g Zucchini
4 Knoblauchzehen
1 Zwiebel
2 Dosen Pizzatomaten
15 g Butter
250 ml Gemüsebrühe
125 ml Milch
1 EL Tomatenmark
20 g Mehl
100 g geriebener Käse
Oregano, Muskatnuss
Salz, Pfeffer, Öl

Zubereitung:

- Gemüse in kleine Stücke bzw. Ringe schneiden.
- Zwiebel und Knoblauch fein hacken.
- Beides in Öl glasig dünsten.
- Hackfleisch zugeben und krümelig braten.
- Pizzatomaten und Tomatenmark unterrühren.
- Kleines Gemüse untermengen.
- Alles zusammen etwa 10 Minuten köcheln lassen.
- Mit Salz, Pfeffer und Oregano abschmecken.
- Für die Béchamelsoße Butter in einem Topf auflösen.
- Mehl in der Butter schwitzen lassen.
- Unter Rühren Milch und Brühe einrühren.

- Salzen, Pfeffer und „Muskatieren".
- Eine Auflaufform einfetten.
- Etwas von der Gemüsemasse in die Form geben.
- Mit einer Schicht Lasagneblätter bedecken.
- Eine Gemüseschicht aufbringen.
- Nächste Schicht Lasagneblätter auflegen.
- Eine weitere Gemüseschicht aufbringen.
- Mit letzter Schicht Lasagneblätter bedecken.
- Noch eine dünne Gemüseschicht aufbringen.
- Béchamelsoße über das Gemüse gießen.
- Mit dem Käse überstreuen.
- Bei 200° C etwa 45 Minuten überbacken.

Hackfleischtarte

Zutaten:

260 g Mehl
140 g halbweiche Butter
50 ml Wasser
250 g Porree
150 g Sellerie
250 g Möhren
1 Zwiebel
3 Knoblauchzehen
300 g Hackfleisch
80 g gewürfelte Tomaten
200 g Sahne
3 Eier
100 g geriebener Käse
1 TL Essig
1 TL Oregano
½ Bund Schnittlauch
½ Bund Petersilie
Pfeffer, Salz, Muskat, Olivenöl

Zubereitung:

- Mehl, Butter, ½ TL Salz, Wasser und Essig verkneten.
- Teig in Folie wickeln und 20 Minuten kühl stellen.
- Das Gemüse klein würfeln.
- In kochendem Salzwasser das Gemüse ca. 5 Minuten blanchieren.
- Gemüse gut abtropfen lassen.
- Den abgekühlten Teig in eine gefettete Springform drücken.
- Dabei einen 3 cm Rand hochziehen.
- Teigboden mit einer Gabel mehrfach einstechen.

- Bei 200° C den Teig 10 Minuten vorbacken.
- Teig abkühlen lassen.
- Zwiebel und Knoblauch fein hacken.
- Beides in Olivenöl glasig dünsten.
- Hackfleisch zugeben und krümelig braten.
- Petersilie und Schnittlauch fein hacken.
- Gemüse, Fleisch, Tomatenstücke und Kräuter vermischen.
- Mit den Gewürzen abschmecken.
- Die Sahne mit 50 g Käse und den Eiern verquirlen.
- Mit Salz, Pfeffer und Muskat abschmecken.
- Eier – Sahne mit dem Gemüse – Fleisch vermischen.
- Mischung sofort auf dem Teigboden verteilen.
- Mit dem Restkäse überstreuen.
- Bei 200° C etwa 30 Minuten backen.

Kartoffelpuffer mit Zucchini

Zutaten für 6 Puffer:

500 g Kartoffeln
500 g Zucchini
1 EL Mehl
2 Eier
Salz, Pfeffer, Muskat

Sauce:

4 Knoblauchzehen
200 g Creme fraîche
3 TL Kräuter
50 g Magerquark
1 EL Sahne
1 EL Zitronensaft

Zubereitung:

- Kartoffeln fein reiben.
- Zucchini grob raspeln.
- Kartoffeln, Zucchini, Eier, und Mehl vermischen.
- Mit den Gewürzen abschmecken.
- In einem beschichteten Waffeleisen mit wenig Fett backen.
- Alternativ in Öl in einer Pfanne ausbacken.
- Kräuter fein hacken.
- Creme fraîche, Quark, Sahne und Zitronensaft verrühren.
- Knoblauch zerquetschen.
- Die Kräuter und Knoblauch unter die Sauce mischen.
- Salzen und Pfeffern.
- Heiße Puffer mit der Sauce servieren.

Kartoffelring

Zutaten:

750 g Kartoffeln
60 g Butter
3 Eier
Salz, Muskat

Zubereitung:

- Kartoffeln in der Schale kochen.
- Sofort pellen und durch eine Kartoffelpresse drücken.
- Die Eier trennen.
- Butter mit dem Eigelb schaumig rühren.
- Kartoffelbrei unterrühren.
- Mit Salz und Muskat abschmecken.
- Eiweiß steif schlagen und unterheben.
- Eine Ringform (beschichtet) einfetten.
- Den Teig in die Form geben.
- Im Backofen bei 225° C etwa 30 – 40 Minuten backen.
- Kartoffelring vorsichtig auf eine Platte stürzen.
- In die Ringmitte Gemüse, Ragout, oder beides, etc. geben.

Maisbrot

Zutaten:

60 g kalte Butter
175 g Weizenmehl
470 ml Buttermilch
2 Eier
290 g Maismehl
95 g Rosinen
1½ EL Backpulver
12 g Natronpulver
150 g Zucker
1½ TL Salz

Zubereitung:

- Butter schmelzen lassen.
- Mehl, Zucker, Backpulver, Natron und Salz vermischen.
- Rosinen untermischen.
- Eier, Buttermilch und halbe Butter verquirlen.
- Mehl und Milchmischung gut verrühren.
- Eine Springform mit Backpapier auslegen.
- Teig in die Form geben.
- Formteig mit der restlichen Butter besprenkeln.
- Bei 180° C etwa 50 Minuten goldbraun backen.

Möhren – Tarte

Zutaten:

200 g Mehl
100 g Butter
1 Prise Salz
500 g Möhren
200 g Erbsen (TK)
1 Dose Mais
4 Knoblauchzehen
1 Zwiebel
6 Eier
500 g Frühlingsquark (mit Kräutern)
50 g geriebener Käse
Salz, Pfeffer, Paprikapulver

Zubereitung:

- Mehl, Butter, ein Ei und Salz verkneten.
- Teig in Folie gewickelt 30 Minuten kühl ruhen lassen.
- Zwiebel und Knoblauch fein hacken.
- In etwas Öl glasig dünsten.
- Möhren in kleine Würfel schneiden.
- Erbsen und Möhren in Salzwasser ca. 8 Minuten blanchieren.
- Beides abtropfen und abkühlen lassen.
- Den Teig in eine gefettete Springform drücken.
- Dabei einen 3 cm Rand hochziehen.
- Eier, Knoblauch, Zwiebel und Quark verrühren.
- Erbsen, Möhren, Mais unterrühren.
- Mit den Gewürzen abschmecken.
- Quarkmasse auf dem Teig verteilen.
- Mit dem geriebenen Käse überstreuen.
- Bei 200° C etwa 35 – 40 Minuten backen.

Pikanter Zwiebelkuchen

Zutaten Teig:

400 g Mehl
1 TL Salz
200 ml warmes Wasser

¾ Würfel Hefe
1 TL Zucker
3 EL Olivenöl

Zutaten Belag:

300 g Mettwürstchen
250 g saure Sahne
4 Knoblauchzehen
70 g schwarze Oliven
1 grüne Paprika
200 g geriebener Käse

500 g Tomaten
4 Zwiebeln
2 Eier
70 g grüne Oliven
1 EL Oregano
Salz, Pfeffer

Zubereitung:

- Für den Teig Mehl und Salz vermischen.
- Hefebrösel, Zucker und das Wasser gut verrühren.
- Mehl, Hefewasser und Öl verkneten.
- Am warmen Ort ca. 45 Min. zugedeckt gehen lassen.
- Wurst, Paprika, Knoblauch, Zwiebeln klein würfeln.
- Tomaten und Oliven klein schneiden.
- Zwiebeln, Knoblauch und Würstchen in Öl anbraten.
- Oliven, Paprika und Tomaten kurz mitbraten.
- Sahne, Eier, Oregano und 100 g Käse verquirlen.
- Mit Salz und Pfeffer abschmecken.
- Verquirltes und Gebratenes gut vermischen.
- Den aufgegangenen Teig kurz verkneten.
- Teig auf einem gefetteten Backblech ausrollen.
- Belag gleichmäßig auf den Teig geben.
- Den restlichen Käse überstreuen.
- Bei 200° C etwa 35 Minuten überbacken.

Schorsch - Pie

Zutaten Teig:

1 kg Kartoffeln	2 EL Speisestärke
3 EL Saure Sahne	1 Ei
Salz, Muskatnuss	

Zutaten Füllung:

300 g Hackfleisch	2 Stangen Porree
150 ml Bratensoße	2 Zwiebeln
1 Eigelb	

Zubereitung:

- Kartoffeln in der Schale garen.
- Heiß pellen und durch eine Kartoffelpresse drücken.
- Gepresstes etwas abkühlen lassen.
- Stärke, Ei, Saure Sahne und Gewürze unterrühren.
- Alles zu einer geschmeidigen Masse verkneten.
- Eine Springform gut einfetten.
- Etwa zwei Drittel des Teiges in die Form geben.
- Dabei einen 3 cm hohen Rand andrücken.
- Zwiebeln klein hacken.
- Mit dem Hackfleisch mit wenig Fett anbraten.
- Porree klein schneiden und in die Pfanne geben.
- Noch etwa 5 Minuten weiterbraten.
- Die angerührte Soße untermischen.
- Masse in die Form füllen.
- Restlichen Kartoffelteig als Deckel auf die Füllung geben.
- Dabei die Ränder gut zusammendrücken.
- Pie mit verquirltem Eigelb bestreichen.
- Im Backofen bei 180° C goldgelb backen.

Ricotta - Teigtaschen

Zutaten:

250 g Mehl
1 Prise Salz
20 g Hefe
1 EL Zucker
2 EL Olivenöl
1 Eigelb
1 Eiweiß
1 hart gekochtes Ei
50 g Salami
200 g Ricotta
2 EL Milch
½ Bund Basilikum
Salz, Pfeffer

Zubereitung:

- Mehl und Salz in eine Schüssel geben.
- Eine Mulde hineindrücken und die Hefe einbröseln.
- Zucker über die Hefe streuen.
- Hefe mit 50 ml lauwarmem Wasser und etwas Mehl verrühren.
- Mit Mehl bestäuben und zugedeckt am warmen Ort gehen lassen.
- Nach ca. 15 Minuten den Vorteig mit dem Mehl, Olivenöl und 75 ml Wasser zu einem glatten Teig verkneten.
- Zugedeckt zur doppelten Größe aufgehen lassen.
- Basilikum, Salami und das Ei klein hacken.
- Ricotta untermengen.
- Salzen und Pfeffern.
- Teig in 15 Portionen teilen und zu Kugeln formen.

- Auf bemehlter Fläche rund ausrollen (Ø ca. 8 cm).
- Käsemasse in die Plätzchenmitte geben.
- Teigränder mit Eiweiß bepinseln.
- Plätzchen halbmondförmig zusammenlegen.
- Die Ränder mit einer Gabel andrücken.
- Taschen auf ein mit Backpapier belegtes Backblech geben.
- Eigelb mit der Milch verquirlen.
- Die Taschen damit einpinseln.
- Bei 175° C etwa 30 Minuten backen.
- Taschen schmecken kalt und warm.

Alternativ:

1½ Päckchen Trockenhefe statt Frischhefe

- Mehl, Salz, Zucker, Hefe vermischen.
- Mit dem Wasser und Olivenöl zu einem geschmeidigen Teig verkneten.
- Zugedeckt zur doppelten Größe aufgehen lassen.
- Basilikum, Salami und ....
- Weiter wie oben

Sauerkraut - Pizza

Zutaten Boden:

400 g Mehl
40 g Hefe
250 ml Milch
2 TL Zucker
½ TL Salz

Zutaten Belag:

650 g Weißkohl (ohne Strunk)
2 Zwiebeln
2 Knoblauchzehen
250 g Mettwürstchen
100 ml Gemüsebrühe
350 g Schmand
2 EL Zucker
1 EL Butter
1 TL Kümmel
1 TL Soßenbinder
2 EL weißer Balsamicoessig
Salz, Pfeffer, Paprikapulver

Zubereitung:

- Kleingewürfelte Hefe mit dem Zucker, etwas Mehl und Milch zu einem Vorteig verrühren.
- Den Teig 10 Minuten zugedeckt ruhen lassen.
- Das restliche Mehl, die Milch und das Salz hinzufügen.
- Alles verrühren bis der Teig sich vom Schüsselrand löst.
- Teig eine halbe Stunde zugedeckt gehen lassen.
- Kohl ohne Strunk feinstreifig schneiden.
- Zwiebeln und Knoblauch fein hacken.

- Beides zusammen mit dem Kümmel in der Butter glasig dünsten.
- Zucker zugeben und kurz karamellisieren lassen.
- Streifenkohl untermengen.
- Etwa 5 Minuten mitdünsten.
- Brühe und Essig unterrühren.
- Salzen und Pfeffern.
- Weitere 15 Minuten dünsten lassen.
- Mettwürstchen in kleine Stücke schneiden.
- Kurz vor dem Ende der Dünstzeit Soßenbinder und Würstchen unterrühren.
- Den aufgegangenen Teig auf einem gefetteten Backblech ausrollen.
- Schmand mit etwas Salz und Pfeffer verrühren.
- Gerührtes auf den Teig streichen.
- Kohlmischung auf dem Teig verteilen.
- Mit etwas Paprikapulver überstreuen.
- Bei 250° C etwa 8 - 10 Minuten backen.

Alternativ:

1½ Päckchen Trockenhefe statt Frischhefe

- Mehl, Zucker, Hefe, Salz vermischen.
- Mit der Milch verrühren, bis der Teig sich vom Schüsselrand löst.
- Teig eine halbe Stunde zugedeckt gehen lassen.
- Kohl ohne Strunk ....
- Weiter wie oben

Tarte mit Rotkohl

Zutaten:

100 g kalte Butter
100 g Frischkäse mit Kräutern
300 g Rotkohl
50 g gehackte Haselnüsse
200 ml Gemüsebrühe
1 EL gehackte Thymianblätter
1 EL Stärkemehl
2 EL Balsamicoessig, Olivenöl

100 g Mehl
100 g Quark
1 Zwiebel
100 g Sahne
100 ml Milch
1 EL Honig
2 Eier
Salz, Pfeffer

Zubereitung:

- Mehl, Butter, Quark und 1 Prise Salz verkneten.
- Teig in Folie gewickelt 30 Minuten kühl ruhen lassen.
- Rotkohl (ohne Strunk) feinstreifig schneiden.
- Zwiebel fein hacken.
- In etwas Öl glasig dünsten.
- Honig, Essig und die Brühe zugeben.
- Salzen und Pfeffern.
- Rotkohl untermengen.
- Zehn Minuten köcheln lassen.
- Den Teig in eine gefettete Springform (Quicheform) drücken, bzw. ausrollen.
- Dabei einen 3 cm Rand hochziehen.
- Frischkäse, Eier, Sahne, Milch und Stärke verrühren.
- Nüsse und Thymian unterrühren.
- Mit den Gewürzen abschmecken.
- Käsemilch mit dem Rotkohl vermischen.
- Mischung sofort auf dem Teig verteilen.
- Bei 200° C etwa 25 – 30 Minuten backen.

Dies und das

und sonstiges Rezepteallerlei

Ägyptisches Bohnenpüree
(Foul)

Zutaten:

2 Dosen Wachtelbohnen (Foulbohnen) 900 g Abtropfgewicht
2 Zwiebeln
4 Knoblauchzehen
2 EL gehackte Petersilie
Salz, Pfeffer, Öl

Zubereitung:

- Zwiebeln und Knoblauch fein hacken.
- Beides in Öl glasig dünsten.
- Bohnen abschütten.
- Dabei das Bohnenwasser einer Dose auffangen.
- Bohnen und aufgefangenes Bohnenwasser zu den
  Zwiebeln geben.
- Alles zusammen leicht köcheln lassen.
- Geköcheltes pürieren.
- Mit den Gewürzen abschmecken.
- Vor dem Servieren mit der Petersilie garnieren.
- Dazu schmeckt z.B. Fladenbrot vom Knödelschorsch.

Curry - Soße

Zutaten:

1 Mango
1 Papaya
1 kleine Chilischote
1 Bund Koriander
2 EL Currypulver
evtl. Sahne oder Milch
Salz, Pfeffer, Öl

Zubereitung:

- Koriander und Chili fein hacken.
- Papaya und Mango fein würfeln.
- Chili und Currypulver in etwas Öl andünsten.
- Mango und Papaya zugeben und kurz mitdünsten.
- Alles zusammen fein pürieren.
- Mit Salz und Pfeffer abschmecken.
- Koriander untermengen.
- Wenn nötig zur „Verdünnisierung" Sahne oder Milch unterrühren.
- Schmeckt zu verschiedenen Gerichten.

Eingelegte Knoblauchzehen

Zutaten:

4 Knollen Knoblauch
1 EL Essig
1 Rosmarinzweig
4 Chilischoten
200 ml Olivenöl
Salz

Zubereitung:

- Die Knoblauchzehen aus den Knollen lösen.
- In einem Topf Salzwasser und Essig zum Kochen bringen.
- Knoblauchzehen darin ungeschält 3 Minuten blanchieren.
- Danach die Zehen mit kaltem Wasser erschrecken.
- Von den Zehen (Knoblauchzehen!!!) die Pelle abziehen.
- Rosmarin, Chili und Knoblauchzehen in ein Glas geben.
- Alles mit Olivenöl übergießen.
- Mischung kühl mindestens 3 Tage ziehen lassen.
- Nach dem Essen auf flüchtende Vampire achten.

Gemüse – Risotto

Zutaten:

250 g Zartweizen (z.B. Ebly)
3 Knoblauchzehen
150 g Erbsen (TK)
1 Zwiebel
300 g Brechbohnen
500 ml Gemüsebrühe
200 g Schafskäse
½ Bund Schnittlauch
4 EL Öl
Salz, Pfeffer, Oregano

Zubereitung:

- Knoblauch und Zwiebel klein hacken.
- Beides im Öl glasig dünsten.
- Den Weizen dazugeben und gut im Bratfett wenden.
- Bohnen zugeben.
- Die Hälfte der heißen Brühe zugießen.
- Bei kleiner Hitze garen, bis die Flüssigkeit vom Weizen aufgesogen ist.
- Dabei immer wieder umrühren.
- Nach und nach die restliche Brühe zugeben.
- Daran denken, immer wieder umrühren.
- Wenn die Flüssigkeit fast verkocht ist die Erbsen unterrühren.
- Schnittlauch klein schneiden und ebenfalls zugeben.
- Mit Salz, Pfeffer und Oregano abschmecken.
- Schafskäse in kleine Stücke schneiden.
- Vor dem Servieren den Käse unterheben.

Geschnetzelte Nudel - Pute

Zutaten:

250 g Putenfleisch
100 g getrocknete Tomaten
150 ml Weißwein
3 Knoblauchzehen
300 ml Gemüsebrühe
1 EL frische Petersilie

250 g Bandnudeln
500 g Brokkoli
2 Zwiebeln
1 kleine Chilischote
2 EL Soßenbinder
Pfeffer, Salz, Öl, Zucker

Zubereitung:

- Zwiebeln, Knoblauch und Chilischote fein zerhacken.
- Putenfleisch und Tomaten in kleine Stücke schneiden.
- Brokkoli in kleine Röschen zerteilen.
- Nudeln in Salzwasser al dente garen.
- Putenstücke salzen und pfeffern.
- Gepfefferte Pute in einer Pfanne in Öl anbraten.
- Pute beiseite stellen (wenn sie umfällt, legen).
- Zwiebeln und Knoblauch glasig dünsten.
- Chili kurz mitdünsten.
- Mit Wein übergießen und etwas köcheln lassen.
- Brühe zugeben und zum Kochen bringen.
- Putenfleisch und Brokkoli unterrühren.
- Deckel auf die Pfanne und alles etwa 8 Minuten garen lassen.
- Soßenbinder einrühren und kurz aufkochen.
- Mit Salz, Pfeffer und Zucker würzen.
- Nudeln und Tomaten unterrühren.
- Kurz erwärmen lassen.
- Mit Petersilie überstreut servieren.

Gorgonzola - Mascarpone - Creme

Zutaten:

120 g Gorgonzola
100 g Mascarpone
2 kleine Äpfel
50 g Pinienkerne
80 g Rucola
4 EL weißer Balsamico
Salz, Pfeffer

Zubereitung:

- Die Äpfel schälen und würfeln.
- Gorgonzola in kleine Stücke schneiden.
- Alle Zutaten bis auf die Gewürze in einen Mixer geben.
- Alles fein pürieren.
- Püree in eine kleine Schüssel geben.
- Mit Salz und Pfeffer abschmecken.
- Mit kleinen Rucolablättchen garniert servieren.
- Schmeckt gut als Brotaufstrich oder zum Fladenbrot vom Knödelschorsch.

Grüne Sauce

Zutaten:

4 Knoblauchzehen
2 Eigelb von harten Eiern
1 Zwiebel
200 ml Olivenöl
1 Brötchen (das weiche Innere) bzw. 60 g Semmelbrösel
3 EL Essig
1 Bund Petersilie
Salz, Pfeffer

Zubereitung:

- Brötchen fein zerkrümeln.
- Brötchenkrümel ca. 10 Minuten im Essig einweichen.
- Knoblauchzehen, Zwiebel und Petersilie fein hacken.
- Das Eigelb durch ein Sieb streichen.
- Alles in einen Küchenmixer geben und gut verrühren.
- Das Öl in einem dünnen Strahl beim Rühren zugeben.
- Mit Salz und Pfeffer abschmecken.
- Schmeckt gut zu verschiedenen Gerichten, z.B. auch als Spargelalternative statt Sauce Hollandaise.

Kiwi - Sauce

Zutaten:

4 Kiwis
1 Zwiebel
250 g Magerquark
200 g Sahne
2 TL scharfer Senf
Salz, Pfeffer

Zubereitung:

- Die Kiwis schälen.
- Nackte Kiwis klein schneiden.
- Zwiebel grob hacken.
- Kiwis und Zwiebelhack zusammen mit dem Quark pürieren.
- Sahne sehr steif schlagen.
- Anschließend unter das Kiwipüree heben.
- Mit Pfeffer, Salz und Senf abschmecken.
- Schmeckt gut zu verschiedenen Gerichten, z.B. auch als Spargelalternative statt Sauce Hollandaise.

Mango – Sauce

Zutaten:

2 reife Mango
3 Eigelb
200 g Sahne
Saft von einer Zitrone
Salz, Pfeffer

Zubereitung:

- Die Mangos schälen.
- Mangofruchtfleisch vom Kern ablösen.
- Fruchtfleisch mit Zitronensaft pürieren.
- Sahne, Eigelb und etwas Salz vermischen.
- Sahnemischung in heißem Wasserbad aufschlagen.
- Mangopüree unterheben.
- Alles zusammen kurz erwärmen.
- Mit Pfeffer und Salz abschmecken.
- Schmeckt gut zu verschiedenen Gerichten.

Mascarpone - Frischkäse - Creme

Zutaten:

150 g Mascarpone
200 g Frischkäse
4 Stangen Lauchzwiebeln (Frühlingszwiebeln)
3 kleine Möhren
2 Knoblauchzehen
Salz, Pfeffer

Zubereitung:

- Lauchzwiebeln klein schneiden.
- Möhren fein raspeln.
- Knoblauch schälen und pressen
- Frischkäse und Mascarpone verrühren.
- Zwiebeln, Möhren und Knoblauch unterrühren.
- Mit Salz und Pfeffer abschmecken.
- Schmeckt gut als Brotaufstrich oder zum Fladenbrot vom Knödelschorsch.

Nudeln mit Käse-Kräuter-Soße

Zutaten:

500 g Nudeln (z.B. Farfalle oder Spirelli)
150 g geriebener Parmesan
200 g Creme fraîche
2 kleine Stangen Porree
3 Tomaten
350 ml Gemüsebrühe
5 EL gehackte Kräuter (nach eigener Wahl)
Salz, Pfeffer, Muskat

Zubereitung:

- Porree und Tomaten klein schneiden.
- Nudeln in Salzwasser al dente garen.
- Gemüsebrühe und Creme fraîche kurz in einem Topf aufkochen lassen.
- Käse, Kräuter, Porree und Tomaten unterrühren.
- Alles etwa 5 Minuten erhitzen, aber nicht kochen.
- Mit den Gewürzen abschmecken.
- Abgetropfte Nudeln auf Tellern anrichten.
- Angerichtetes mit der Soße übergießen.
- Mit etwas Parmesan überstreut servieren.

Nudeln mit Lauchsoße

Zutaten:

500 g Nudeln (z.B. Spaghetti)
1 kg Porree
250 g Auflauf-Sahne (Thomy)
200 g Schlagsahne
200 g Kräuter Creme fraîche
150 g Saure Sahne
5 Knoblauchzehen
2 Bund Schnittlauch
2 TL Hühnerbrühe
Öl, Salz, Pfeffer

Zubereitung:

- Nudeln in Salzwasser al dente kochen.
- Porree, Knoblauch und Schnittlauch klein schneiden.
- Knoblauch im heißen Öl anbraten.
- Schnittlauch und Porree zugeben.
- Ebenfalls einige Minuten anbraten.
- Schlagsahne, Saure Sahne, Creme fraîche und Auflaufsahne hinzugießen.
- Alles gut verrühren.
- Die Hühnerbrühe in die Soße einrühren.
- Mit Pfeffer und Salz abschmecken.
- Nudeln mit der Soße servieren.

Nudeln mit Thunfischsoße

Zutaten:

500 g kurze Makkaroni
100 g Thunfisch (in eigenem Saft)
2 EL Sesamkörner
50 g Rosinen
2 Zwiebeln
3 Knoblauchzehen
1 kleine Chilischote
250 g geschälte Tomaten (Dose)
150 g passierte Tomaten
1 Bund Petersilie
½ TL schwarze Pfefferkörner
2 l Fleischbrühe
1 Prise Safran
Salz, Pfeffer, Olivenöl, Parmesan

Zubereitung:

- Thunfisch, Knoblauch und Chili pürieren
- Eine Zwiebel, Rosinen und Petersilie klein hacken.
- Tomaten klein schneiden.
- Die Brühe mit der zweiten ganzen Zwiebel, 2 EL Öl und Pfefferkörnern aufkochen lassen.
- Nudeln in der Brühe al dente garen.
- Zwischenzeitlich gehackte Zwiebeln in Öl andünsten.
- Sesam, Rosinen halbe Menge Petersilie mitdünsten.
- Thunfischpaste, passierte Tomaten und die geschälten Tomaten mit Saft unterrühren.
- Alles zusammen etwas einkochen lassen.
- Mit Salz, Pfeffer und Safran abschmecken.
- Abgetropfte Nudeln unter die Soße mischen.
- Restpetersilie, Parmesan überstreuen und anrichten.

Orangen Dip

Zutaten:

1 Apfelsine
180 g Miracle Whip
50 g Creme fraîche
2 Knoblauchzehen
1 EL Petersilie
Salz, Pfeffer, Currypulver

Zubereitung:

- Apfelsine auspressen.
- Apfelsinensaft, Creme fraîche und Miracle Whip verrühren.
- Knoblauch zerquetschen und unterrühren.
- Petersilie sehr klein hacken und ebenfalls einrühren.
- Mit Salz, Pfeffer und Curry abschmecken.
- Genießen z.B. mit Fladenbrot vom Knödelschorsch.
- Schmeckt gut als Brotaufstrich z.B. mit Fladenbrot vom Knödelschorsch.

Putengulasch mit Spätzle

Zutaten:

500 g Putenfleisch
500 g Möhren
2 Zwiebeln
500 g Spätzle
Speisestärke oder Soßenpulver
Sahne
Salz, Pfeffer, Öl

Zubereitung:

- Möhren und Fleisch in kleine Würfel schneiden.
- Zwiebeln in Scheiben schneiden.
- Fleisch und Zwiebeln in Öl anbraten.
- Salzen und Pfeffern.
- Möhren zufügen.
- Mit heißem Wasser auffüllen, bis alles bedeckt ist.
- Etwa 20 Minuten köcheln lassen.
- In der Zwischenzeit die Spätzle nach der Packungsanweisung kochen.
- Bratenflüssigkeit mit Stärke (Soßenpulver) und Sahne andicken.
- Mit Salz und Pfeffer endgültig abschmecken.
- Zusammen mit den Spätzle servieren.

Risotto mit Bambusscheiben

Zutaten:

300 g Risottoreis
1 Dose Bambusscheiben (ca. 300 g Abtropfgewicht)
1 Dose Kichererbsen (ca. 270 g Abtropfgewicht)
1 Zwiebel
3 Knoblauchzehen
1 Bund Frühlingszwiebeln
4 Tomaten
150 ml Weißwein
750 ml Gemüsebrühe
Salz, Pfeffer, Paprika, gemahlener Chili, Olivenöl

Zubereitung:

- Knoblauch und die Zwiebel fein hacken.
- Beides in 5 EL Öl glasig dünsten.
- Den Reis dazugeben und gut im Bratfett wenden.
- Die Hälfte der heißen Gemüsebrühe zugießen.
- Bei kleiner Hitze garen, bis die Flüssigkeit vom Reis aufgesogen ist.
- Dabei immer wieder umrühren.
- In der Zwischenzeit Bambusscheiben, Tomaten und Frühlingszwiebeln klein schneiden.
- Kleingeschnittenes und Erbsen ins Risotto geben.
- Nach und nach Wein und restliche Brühe zugeben.
- Immer wieder umrühren.
- Risotto mit den Gewürzen abschmecken.
- Wenn alle Flüssigkeit verkocht ist, das Risotto servieren.

Risotto Mista

Zutaten:

400 g Risottoreis
1 Zwiebel
3 Knoblauchzehen
1 Stange Porree
1 Fenchelknolle
1 rote Paprika
1 Möhre
2 hart gekochte Eier
350 g Hackfleisch
50 g grüne Oliven
1 l Gemüsebrühe
150 ml Weißwein
50 g geriebener Käse
Salz, Pfeffer, Öl

Zubereitung:

- Fenchelknolle, Porree und Paprika in kleine Stücke schneiden.
- Möhre fein raspeln.
- Hackfleisch im Öl krümelig braten.
- Mit etwas Brühe ablöschen.
- Das kleine Gemüse ein paar Minuten mitdünsten.
- Knoblauch und Zwiebel fein hacken.
- Beides in einem Topf mit 4 EL Öl glasig dünsten.
- Den Reis dazugeben und gut im Bratfett wenden.
- Ein Viertel der heißen Brühe zugießen.
- Bei kleiner Hitze garen, bis die Flüssigkeit vom Reis aufgesogen ist.
- Dabei immer wieder umrühren.
- Ein weiteres Viertel der Brühe zugießen.

- Das Fleisch – Gemüse ins Risotto geben.
- Rühren nicht vergessen.
- Nach und nach Weißwein und restliche Brühe zugeben.
- Immer wieder umrühren und die Flüssigkeit einkochen lassen.
- Oliven halbieren und Eier klein würfeln.
- Wenn die Risotto - Flüssigkeit fast verkocht ist, Oliven und Eier unterheben.
- Risotto salzen und pfeffern.
- Vor dem Servieren den Käse unterrühren.

Risotto mit Champignons

Zutaten:

400 g Risottoreis
200 g Erbsen (TK)
1 Liter Gemüsebrühe
200 g gekochter Schinken
250 g Champignons
1 rote Paprika

3 Knoblauchzehen
1 Zwiebel
150ml Weißwein
4 EL Parmesan
3 EL Petersilie
Salz, Pfeffer, Öl

Zubereitung:

- Pilze, Paprika und den Schinken in kleine Stücke schneiden.
- Knoblauch und Zwiebel klein hacken.
- Beides in 2 EL Öl glasig dünsten.
- Den Reis dazugeben und gut im Bratfett wenden.
- Die Hälfte der heißen Brühe zugießen.
- Bei kleiner Hitze garen, bis die Flüssigkeit vom Reis aufgesogen ist.
- Dabei immer wieder umrühren.
- Nach und nach den Weißwein und die restliche Brühe zugeben.
- Nicht vergessen, immer wieder umrühren!!!
- Champignons und Schinken in etwas Öl anbraten.
- Wenn die Risotto – Flüssigkeit fast verkocht ist, die Erbsen, Paprika, Champignons und den Schinken unterrühren.
- Risotto salzen und pfeffern.
- Vor dem Servieren den Parmesan unterrühren.
- Risotto mit Petersilie überstreut servieren.

Risotto mit Tomaten

Zutaten:

300 g Risottoreis
3 Knoblauchzehen
1 Stange Porree
1 Zwiebel
150ml Rotwein
700 ml Gemüsebrühe
60 g Parmesankäse
800 g Tomatenstücke (Dose)
Salz, Pfeffer, Olivenöl

Zubereitung:

- Porree in kleine Stücke schneiden.
- Knoblauch und Zwiebel klein hacken.
- Beides in 2 EL Öl glasig dünsten.
- Den Reis dazugeben und gut im Bratfett wenden.
- Ein Drittel der heißen Brühe zugießen.
- Bei kleiner Hitze garen, bis die Flüssigkeit vom Reis aufgesogen ist.
- Dabei immer wieder umrühren.
- Tomatenstücke zugeben.
- Nach und nach den Rotwein und die restliche Brühe einrühren.
- Nicht vergessen, immer wieder rühren!!
- Risotto salzen und pfeffern.
- Die halbe Menge Parmesan unterrühren.
- Vor dem Servieren den restlichen Parmesan überstreuen.

Spaghetti mit Nuss - Pesto

Zutaten:

500 g Spaghetti
1 Bund Rucola (ca. 75 g)
70 g Walnusskerne
1 Glas getrocknete Tomaten
1 kleine halbe Zwiebel
4 eingelegte Knoblauchzehen
150 g Cherry – Tomaten
5 Stiele Thymian
Salz, Pfeffer, Oregano
Parmesan

Zubereitung:

- Spaghetti in kochendem Salzwasser al dente garen.
- Walnüsse und Zwiebel grob hacken.
- Gehackte Nüsse in beschichteter Pfanne anrösten.
- Thymianblättchen abzupfen.
- Nüsse, Zwiebel, Knoblauch und Thymian in ein hohes Gefäß geben.
- Halbe Menge eingelegte Tomaten zugeben.
- Alles zusammen mit 5 EL Öl der eingelegten Tomaten pürieren.
- Mit den Gewürzen abschmecken.
- Rucola putzen und waschen.
- Cherry – Tomaten vierteln.
- Nuss – Pesto mit 2 – 3 EL Nudelwasser „verflüssigen".
- Abgeschüttete Nudeln mit Pesto, Rucola und Tomaten vermengen.
- Servierte Spaghetti mit Parmesan überstreuen.

Spaghetti mit Spinat-Ricotta-Soße

Zutaten:

500 g Spaghetti
350 g Ricotta – Käse
450 g Blattspinat (TK)
100 g gekochter Schinken
100 ml Milch
4 Knoblauchzehen
3 EL Olivenöl
1 TL Oregano
geriebener Parmesankäse
Salz, Pfeffer, Muskat

Zubereitung:

- Spaghetti in Salzwasser al dente kochen.
- Schinken in kleine Stücke schneiden.
- Spinat nach Packungsanweisung garen.
- Knoblauchzehen zerdrückt zum Spinat geben.
- Den Spinat mit Pfeffer, Salz und Muskat würzen.
- Ricotta und Oregano unterrühren.
- Kurz aufkochen lassen.
- Je nach gewünschter Konsistenz Milch einrühren.
- Alles fein pürieren.
- Schinken unterrühren.
- Noch einmal aufkochen lassen.
- Mit den Gewürzen endgültig abschmecken.
- Nudeln mit kaltem Wasser erschrecken und abtropfen lassen.
- Die Spaghetti mit der heißen Sauce und mit etwas Parmesan überstreut servieren.

Spinatknödel mit Tomatensauce

Zutaten Knödel:

100 g Semmelbrösel
80 g Schalotten
450 g Blattspinat (TK)
100 ml Milch
1 EL Mehl
1 Ei
4 Knoblauchzehen
Salz, Pfeffer, Muskatnuss, Öl

Zutaten Tomatensauce:

250 g Tomatenstücke (Dose)
3 Knoblauchzehen
2 EL Parmesankäse
10 Oliven
2 EL Olivenöl

Zubereitung:

- Spinat auftauen und kurz ankochen.
- Danach gut abtropfen lassen.
- Schalotten und Knoblauch klein hacken.
- Beides in Öl andünsten.
- Semmelbrösel mit lauwarmer Milch, dem Ei und Mehl verrühren.
- Spinat etwas klein hacken.
- Kleingehacktes zum Semmelbröselteig geben.
- Schalotten und Knoblauch ebenfalls zugeben.
- Alles zu einer glatten Masse verkneten.
- Mit Salz, Pfeffer und Muskat abschmecken.
- Etwa 10 – 12 Knödel formen.

- Knödel in kochendem Salzwasser etwa 12 Minuten ziehen lassen.
- Für die Sauce Oliven halbieren.
- Knoblauchzehen zerquetschen.
- Beides mit den Tomatenstücken (mit Sud) und Olivenöl in einen Topf geben.
- Pfeffern, salzen und etwa 5 Minuten köcheln lassen.
- Knödel und Tomatensauce anrichten.
- Sauce mit Parmesankäse überstreuen.

Tortellini mit Spinat

Zutaten:

500 g Tortellini (Schinkenfüllung)
300 g Blattspinat (TK)
150 g gekochter Schinken
150 g Schlagsahne
60 g Pinienkerne
2 Zwiebeln
3 Knoblauchzehen
2 Dosen stückige Tomaten
1 EL Basilikumblätter
1 EL Parmesankäse
Öl, Pfeffer, Salz, Oregano

Zubereitung:

- Spinat nach Packungsanweisung kochen.
- Zwiebeln und Knoblauch klein hacken.
- Schinken in schmale Streifen schneiden.
- Pinienkerne, Zwiebeln, Knoblauch und Schinken in Öl anbraten.
- Danach Sahne und Tomaten zugeben.
- Bei kleiner Flamme etwas köcheln lassen.
- Basilikum klein hacken und mit dem Spinat zur Sauce geben.
- Kurz mitkochen lassen.
- Sauce salzen, pfeffern und „oreganosieren".
- Tortellini nach Packungsanweisung in kochendem Salzwasser garen.
- Gegarte, abgetropfte Tortellini mit der Sauce übergießen.
- Vor dem Servieren mit Parmesankäse überstreuen.

Desserts

als Verführung pur

Ananas - Quark

Zutaten:

1 große Dose Ananas (oder frische)
500 g Sahnequark
150 g Creme fraîche
200 g Sahne
4 Eigelb
120 g Zucker
40 g Sofortgelatine / Fertiggelatine
1 Vanillezucker
2 TL Zitronensaft

Zubereitung:

- Ananas gut abtropfen lassen.
- Den Saft dabei auffangen.
- Zucker und Gelatinepulver vermischen.
- Eigelb, Zuckermischung und 6 EL Saft cremig rühren.
- Dreiviertel der Ananas mit dem Zitronensaft pürieren.
- Püree unter die Eiercreme heben.
- Creme fraîche und Quark unterrühren.
- Die Sahne mit dem Vanillezucker steif schlagen.
- Steife Sahne unter die Quarkcreme heben.
- Quarkcreme in Dessertschälchen füllen.
- Mindestens 3 Stunden kalt stellen.
- Vor dem Servieren mit den restlichen Ananasstücken garnieren.

Apfel - Bananen - Stracciatella

Zutaten:

200 g Frischkäse
1 EL Zucker
150 g Naturjoghurt
1 EL Zitronensaft
2 EL Schokostreusel
1 Apfel
2 Bananen

Zubereitung:

- Den Apfel schälen und das Kerngehäuse entfernen.
- Eine Banane und die Hälfte des Apfels pürieren.
- Den Frischkäse mit dem Joghurt verrühren.
- Zucker, Schokostreusel und Zitronensaft unterrühren.
- Bananen-Apfelpüree ebenfalls in die Stracciatella-masse rühren.
- Restliches Obst in kleine Stücke schneiden.
- Obst unter das Stracciatella heben.
- Stracciatella in Dessertschälchen füllen.
- Mit Schokostreusel garniert servieren.

Apfelsinen - Creme

Zutaten für 4 - 5 Personen:

100 g Zucker
125 ml Weißwein
Saft von 3 Apfelsinen
Saft von einer Zitrone
200 g Sahne
500 g Erdbeeren (oder anderes Obst)
30 g Fertiggelatine / Sofortgelatine

Zubereitung:

- Zucker mit Gelatinepulver vermischen.
- Mischung mit Wein und Saft verrühren.
- Verrührte Saftmischung kalt stellen.
- Erdbeeren in kleine Stücke schneiden.
- Sahne steif schlagen.
- Beides unter die steif werdende Saftcreme heben.
- Creme auf Dessertschälchen verteilen.
- Mindestens 2 Stunden kalt stellen.
- Mit ein paar Früchten garniert servieren.

Bananen - Sahne - Creme

Zutaten für 6 Personen:

2 Bananen
400 g Sahne
50 ml Buttermilch
200 g Naturjoghurt
2 Vanillestangen
2 TL Marmelade
1 Päckchen Vanillezucker
2 Päckchen Sahnesteif

Zubereitung:

- Die Bananen fein zerdrücken.
- Mark aus den Vanillestangen kratzen.
- Milch, Marmelade, Vanillemark, Joghurt und Bananen gut verrühren.
- Sahne steif schlagen.
- Dabei Vanillezucker und Sahnesteif einrieseln lassen.
- Steife Sahne unter die Bananenmasse heben.
- Eine Stunde kühl stellen.
- Evtl. mit Nüssen, Pistazien oder Schokoladenstückchen garniert servieren.

Beeren - Vanille - Creme

Zutaten:

350 g Beeren (z.B. Johannisbeeren)
4 Eigelb
80 g Zucker
25 g Mehl
1 Vanilleschote
400 ml Milch
1 Prise Salz
Schokoladenstreusel

Zubereitung:

- Vanilleschote auskratzen.
- Vanillemark und Schote mit der Milch aufkochen lassen.
- Zucker, Eigelb, Salz und Mehl cremig rühren.
- Vanilleschote aus der kochenden Milch entfernen.
- Vanillemilch unter die Eigelbmasse rühren.
- Auf kleiner Flamme aufkochen lassen.
- Rühren dabei nicht vergessen.
- Creme durch ein Sieb streichen.
- Oberfläche dünn mit Zucker bestreuen.
- Creme abkühlen lassen.
- Beeren unter die abgekühlte Creme heben.
- Mit Beeren und/oder Schokoladenstreusel garniert servieren.

Blaubeer - Mousse

Zutaten:

250 g Blaubeeren
500 g Magerquark
50 g Zucker
80 ml Milch
2 EL Zitronensaft
2 cl Kirschwasser
10 g Fertiggelatine / Sofortgelatine

Zubereitung:

- Blaubeeren mit etwas Milch pürieren.
- Quark, Zitronensaft und Milch gut verrühren.
- Zucker und Gelatinepulver vermischen.
- Gelatinezucker unter die Quarkcreme rühren.
- Blaubeerpüree und Kirschwasser unterrühren.
- Creme in Dessertgläser füllen.
- Mindestens 2 Stunden im Kühlschrank kühlen lassen.
- Vor dem Servieren mit gehackten Pistazien und/oder Blaubeeren garnieren.

Brombeer - Tiramisu

Zutaten:

20 Löffelbiskuits
250 g Sahnequark
250 g Mascarpone
200 g Naturjoghurt
200 g Schlagsahne
50 g Puderzucker
300 g Brombeeren
125 ml Orangensaft
30 g Fertiggelatine / Sofortgelatine
2 Päckchen Vanillezucker

Zubereitung:

- Quark, Joghurt und Mascarpone verrühren.
- Gelatine mit Puderzucker und dem Vanillezucker vermischen.
- Drei Viertel dieser Mischung unter die Quarkcreme rühren.
- Große Beeren evtl. halbieren.
- Schlagsahne mit Restgelatinemischung steif schlagen.
- Beeren und Sahne unter die Creme heben.
- Halbe Biskuitmenge in eine flache Form legen.
- Biskuits mit der halben Orangensaftmenge tränken.
- Die Hälfte der Creme darauf verteilen.
- Restliche Biskuits auflegen.
- Mit dem restlichen Orangensaft tränken.
- Restcreme aufstreichen.
- Mindestens 3 Stunden im Kühlschrank kühlen.
- Mit Beeren garniert servieren.

Cappuccino - Eierlikör - Creme

Zutaten für 4 – 5 Portionen:

125 ml Eierlikör
500 g Sahne
20 g Fertiggelatine / Sofortgelatine
2 Päckchen Vanillezucker
4 EL Cappuccinopulver (Instantpulver)
250 g Obst nach Wahl

Zubereitung:

- Obst evtl. in kleine Stücke schneiden.
- Kleine Stücke in Dessertgläser füllen.
- Gelatinepulver und Vanillezucker vermischen.
- Die Hälfte dieser Mischung mit dem Eierlikör und Cappuccinopulver verrühren.
- Sahne mit der restlichen Mischung steif schlagen.
- Steife Sahne unter die Eierlikörcreme heben.
- Fertig gehobene Creme auf das Obst geben.
- Mindestens 3 Stunden im Kühlschrank kalt stellen.
- Mit Obststückchen garniert servieren.

Erdbeer - Quark

Zutaten:

500 g Erdbeeren
500 g Magerquark
2 Päckchen Vanillezucker
200 g Sahne
15 g Fertiggelatine / Sofortgelatine
2 EL Amarettolikör

Zubereitung:

- Quark, Vanillezucker und Gelatine verrühren.
- Die Erdbeeren mit dem Amaretto pürieren.
- Erdbeerpüree unter den Quark rühren.
- Schlagsahne steif schlagen.
- Sahne unter die Quarkcreme heben.
- Erdbeerquark in Dessertschälchen füllen.
- Mindestens 2 Stunden im Kühlschrank kühlen.
- Mit Erdbeerstückchen garniert servieren.

Grappa - Himbeer - Creme

Zutaten für 3 Personen:

150 g Himbeeren
200 g Sahne
Mark von 2 Vanilleschoten
4 Eigelb
80 g Puderzucker
5 EL Grappa
15 g Fertiggelatine / Sofortgelatine

Zubereitung:

- Himbeeren mit etwas Sahne pürieren.
- Vanille, Grappa, Zucker und das Eigelb schaumig schlagen.
- Sahne mit Gelatine steif schlagen.
- Steife Sahne und Püree unter den Eierschaum heben.
- Mindestens eine Stunde kalt stellen.
- Mit ganzen Himbeeren garniert servieren.

Himbeer - Ricotta - Creme

Zutaten für 6 - 7 Personen:

375 g Ricotta
375 g Magerquark
300 g Schlagsahne
300 g Himbeeren (TK oder frische)
100 g Zucker
80 g Amarettini – Kekse
Saft einer halben Zitrone

Zubereitung:

- Amarettini fein zerbröseln.
- Ein paar Beeren für die Garnitur zur Seite legen.
- Sahne steif schlagen.
- Ricotta, Quark. Zucker und Zitronensaft verrühren.
- Brösel – Amarettini unterrühren.
- Steife Sahne unterheben.
- Halbe Beerenmenge ebenfalls vorsichtig unterheben.
- Andere Beerenhälfte auf 6 - 7 Gläser verteilen.
- Creme auf die Beeren geben.
- Etwa zwei Stunden im Kühlschrank kühlen.
- Mit ein paar Beeren und Amarettini – Keksen garniert servieren.

Kaffee - Rum - Creme

Zutaten für 5 Personen:

100 ml Kaffee
100 ml Rum
400 g Schlagsahne
50 g Zucker
2 Päckchen Vanillezucker
1 Päckchen Schokoladenpuddingpulver
2 Päckchen Sahnesteif
250 ml Milch
Schoko-Zebra-Röllchen

Zubereitung:

- Zucker mit Puddingpulver vermischen.
- Mischung mit 7 EL Milch glatt rühren.
- Rum, Kaffee und Restmilch zum Kochen bringen.
- Topf vom Herd nehmen.
- Angerührten Pudding zügig mit dem Schneebesen unter die Rum-Milch rühren.
- Pudding noch einmal 1 Minute kochen lassen.
- Danach den Pudding in eine Schüssel geben.
- Abgedeckt abkühlen lassen.
- Sahne, Vanillezucker und Sahnesteif schlagen.
- Abgekühlten Pudding gut durchrühren.
- Steife Sahne unterheben.
- Dabei etwas Sahne als Garnierung zurück halten.
- Pudding in Whiskygläser füllen.
- Je einen Klecks Sahne auf den Pudding geben.
- Mit den Zebraröllchen garniert gekühlt servieren.

Kiwi - Mousse

Zutaten:

400 g Kiwis
2 EL Zitronensaft
75 g Zucker
2 Eiweiß
200 g Sahne
40 g Sofortgelatine / Fertiggelatine
Pistazienkerne

Zubereitung:

- Die Kiwis schälen.
- Zucker und 30 g Gelatinepulver mischen.
- Kiwis mit Zuckermischung und Zitronensaft pürieren.
- Püree kalt stellen.
- Eiweiß steif schlagen.
- Sahne mit Restgelatine steif schlagen.
- Wenn das Püree zu gelieren beginnt, die Sahne unterheben.
- Danach den Eischnee ebenfalls vorsichtig unterheben.
- Mousse in Dessertschälchen füllen.
- Mindestens 4 Stunden im Kühlschrank kalt stellen.
- Mit gehackten Pistazienkernen garniert servieren.

Mandarinen - Creme

Zutaten:

1 kleine Dose Mandarinen
400 g Joghurt
200 g Sahne
50 g Zucker
25 g Sofortgelatine / Fertiggelatine
25 g Kokosraspel
1 Päckchen Vanillezucker
2 Eigelb
gehackte Pistazien

Zubereitung:

- Mandarinen gut abtropfen lassen.
- Abgetropfte Mandarinen pürieren.
- Joghurt und Eigelb verrühren.
- Vanillezucker, Kokosraspel, Zucker und Gelatine-pulver vermischen.
- Mischung unter die Joghurtmasse rühren.
- Creme kalt stellen.
- Schlagsahne steif schlagen.
- Wenn die Creme zu gelieren beginnt, die Sahne unter-heben.
- Creme im Kühlschrank mindestens 3 Stunden kühlen.
- Mit den gehackten Pistazien bestreut servieren.

Mandel - Pudding

Zutaten:

1 Päckchen Puddingpulver (Mandelgeschmack)
40 g gehackte Mandeln
60 g Zucker
500 ml Milch
100 g Schlagsahne
1 Päckchen Vanillezucker

Zubereitung:

- Halbe Zuckermenge in einem Topf karamellisieren.
- Gehackte Mandeln unterrühren.
- Die halbe Karamellmenge auf ein ölbestrichenes Stück Alufolie geben.
- Restkaramellmischung mit 50 ml kochendem Wasser ablöschen.
- Etwa eine Minute kochen lassen.
- 400 ml kalte Milch zugießen und aufkochen.
- Restmilch, Restzucker und Puddingpulver verrühren.
- Den Milchtopf vom Herd nehmen.
- Puddingpulver einrühren.
- Etwa eine Minute aufkochen lassen.
- Pudding auf Dessertschälchen verteilen.
- Gut abkühlen lassen.
- Sahne mit dem Vanillezucker steif schlagen.
- Mandelpudding mit dem Mandelkaramell und der Sahne garnieren.

Mango – Creme mit Kokos

Zutaten:

1 Mango
50 g Kokosraspeln
60 g Zucker
250 g Sahne
2 Eier
4 EL Kokosmilch
4 EL Cognac
20 g Sofortgelatine / Fertiggelatine
Saft einer Zitrone
Pistazienkerne

Zubereitung:

- Die Mango schälen.
- Das Fruchtfleisch vom Kern lösen.
- Kokosraspeln knapp mit der Milch bedecken und quellen lassen.
- Zucker mit Gelatinepulver vermischen.
- Die Mischung mit den Eiern und 1 EL Zitronensaft cremig rühren.
- Gequollene Raspeln und Rum unterrühren.
- Das Mangofruchtfleisch mit dem Restzitronensaft pürieren.
- Püree unter die Creme rühren.
- Creme kalt stellen.
- Sahne steif schlagen.
- Wenn die Creme anfängt zu gelieren, die Sahne unterheben.
- Mangocreme in Dessertgläser füllen.
- Mindestens 3 Stunden kühl stellen.
- Mit den Pistazienkernen garniert servieren.

Mascarpone-Johannisbeer - Creme

Zutaten:

300 g Johannisbeeren
250 g Mascarpone
200 g Schlagsahne
200 g Magerquark
1 EL Zucker
2 Vanilleschoten
1 Schuss Grappa

Zubereitung:

- Mark aus den Vanilleschoten kratzen.
- Schlagsahne steif schlagen.
- Dabei den Zucker und das Vanillemark zugeben.
- Mascarpone, Quark und Grappa verrühren.
- Sahne unterheben.
- Johannisbeeren vom Stiel zupfen.
- Die Beeren abwechselnd mit der Creme in Gläser schichten.
- Mit ein paar Beeren verziert servieren.

Mousse au Apfel

Zutaten für 4 – 5 Personen:

3 Äpfel (ca. 400 g)
300 g Schlagsahne
20 g Zucker
30 g Fertiggelatine / Sofortgelatine
2 Eiweiß
1 Prise Salz
Saft einer Zitrone
Schokostreusel

Zubereitung:

- Äpfel schälen und in kleine Stücke schneiden.
- Stücke sofort mit dem Zitronensaft beträufeln.
- Aus dem Eiweiß mit dem Salz Eischnee herstellen.
- 200 g Sahne mit 10 g Gelatine steif schlagen.
- Äpfel mit Zucker und Restgelatine pürieren.
- Eischnee und Sahne vorsichtig unterheben.
- Mousse in Dessertschälchen füllen.
- Mindestens 3 Stunden kalt stellen.
- Restsahne steif schlagen.
- Mousse mit Sahne und Schokostreusel garnieren.

Panna - Cotta mit Marzipan

Zutaten für 4 – 5 Personen:

600 g Schlagsahne
200 g Marzipanrohmasse
30 g Zucker
2 TL Speisestärke
1 Glas Sauerkirschen
15 g Fertiggelatine / Sofortgelatine
3 EL Kirschwasser

Zubereitung:

- Marzipan sehr klein schneiden oder reiben.
- Sahne mit dem Zucker erhitzen.
- Marzipan in der Sahne pürieren.
- Alles etwa 10 Minuten köcheln lassen.
- Während des Köchelns immer wieder umrühren.
- Zum Schluss das Gelatinepulver unterrühren.
- Panna – Cotta in Dessertschälchen füllen.
- Mindestens 4 Stunden im Kühlschrank kalt stellen.
- Kirschen abtropfen lassen.
- Dabei den Saft auffangen.
- Saft bis auf 3 EL in einem Topf erhitzen.
- Stärke mit dem restlichen Saft verrühren.
- Stärkesaft unter den kochenden Saft rühren.
- Kirschwasser ebenfalls unterrühren.
- Etwas andicken lassen.
- Kirschen mit dem angedickten Saft vermengen.
- Etwas abkühlen lassen.
- Panna – Cotta mit den Kirschen garniert servieren.

Pinot - Creme

Zutaten:

3 Eier
250 ml Pinot Grigio (Italienischer Weißwein)
200 g Zucker
4 EL Apfelsinensaft
3 EL Zitronensaft
3 EL Rum
40 g Fertiggelatine / Sofortgelatine
300 g Schlagsahne

Zubereitung:

- Zucker mit dem Gelatinepulver vermischen.
- Eier trennen.
- Eigelb und Zucker - Gelatinemischung verrühren.
- Saft, Pinot und Rum unterrühren.
- Im Kühlschrank kalt stellen.
- Eiweiß und Sahne steif schlagen.
- Wenn die Creme zu gelieren beginnt, Eischnee und Sahne unterheben.
- Creme in Dessertschälchen oder -gläser füllen.
- Mindestens 2 Stunden im Kühlschrank kühlen lassen.

Rote Zitronencreme

Zutaten:

2 große Zitronen
125 ml Kirschsaft
50 g Zucker
20 g Sofortgelatine / Fertiggelatine
2 Eiweiß
2 EL gehackte Nüsse

Zubereitung:

- Zitronen auspressen.
- Saft mit dem Kirschsaft verrühren.
- Zucker mit der Gelatine vermischen.
- Mischung unter den Saft rühren.
- Im Kühlschrank angelieren lassen.
- Eiweiß sehr steif schlagen.
- Eischnee unter den angelierten Saft heben.
- In Dessertschälchen füllen.
- Mindestens 2 Stunden im Kühlschrank kalt stellen.
- Mit den Nüssen überstreut servieren.

Sekt - Creme

Zutaten für 6 Personen:

5 Eigelb
400 g Schlagsahne
75 g Zucker
150 ml Sekt
3 Päckchen Vanillezucker
1 Vanilleschote
30 g Sofortgelatine / Fertiggelatine
Gehackte Pistazien

Zubereitung:

- Das Mark aus der Vanilleschote kratzen.
- Zucker, Vanillezucker und 20 g Gelatinepulver vermischen.
- Mischung mit dem Eigelb cremig rühren.
- Sekt unter die Creme rühren.
- Kühl stellen.
- Sahne und Restgelatine steif schlagen.
- Wenn die Creme zu gelieren beginnt die Sahne unterheben.
- Creme auf 6 Dessertgläser (-schälchen) verteilen.
- Mindestens drei Stunden kühl stellen.
- Mit Pistazien garniert servieren.

Überbackene Beeren

Zutaten:

400 g gemischte Beeren
4 EL Rum
40 g brauner Zucker
50 g Mehl
40 g gehackte Mandeln
40 g Butter
1 Päckchen Vanillezucker
1 EL Zitronensaft
½ TL Zimt
1 Prise Salz

Zubereitung:

- Beeren vorsichtig mit Rum, Zitronensaft und Vanille-zucker vermischen.
- Mischung in eine feuerfeste Form (alternativ 4 kleine Förmchen) geben.
- Restliche Zutaten zu krümeligen Streuseln verkneten.
- Streusel gleichmäßig über die Beeren streuen.
- Bei 180° C etwa 15 – 20 Minuten goldgelb überbacken.
- Kalt oder warm servieren.

Weincreme a la Henriette

Zutaten:

125 g Zucker
200 g Schlagsahne
350 ml Wein
5 Eier
Saft von einer Zitrone
1 EL Speisestärke

Zubereitung:

- Eier und Zucker in einem Kochtopf cremig rühren.
- Wein, Zitronensaft und Stärke unterrühren.
- Alles zusammen bei mäßiger Hitze aufschlagen.
- Kurz vorm Kochen die Creme in eine Rührschüssel geben.
- Noch etwa 5 Minuten weiter aufschlagen.
- Geschlagene Creme in Dessertschälchen füllen.
- Creme kalt werden lassen.
- Sahne steif schlagen.
- Mit einem Klecks Sahne dekoriert servieren.

Zitronen - Pfirsich - Creme

Zutaten:

1 Dose Pfirsiche
4 Eier
100 ml Zitronensaft
100 g Zucker
30 g Fertiggelatine / Sofortgelatine
200 g Sahne
2 EL Eierlikör

Zubereitung:

- Die Pfirsiche abtropfen lassen.
- Eier trennen.
- Den Zucker mit 20 g Gelatine vermischen.
- Eigelb mit der Zuckermischung schaumig rühren.
- Zitronensaft unterrühren.
- Einige Minuten kalt stellen.
- In der Zwischenzeit die Pfirsiche mit Restgelatine und Eierlikör pürieren.
- Schlagsahne steif schlagen.
- Eiweiß ebenfalls steif schlagen.
- Sahne und Eischnee nacheinander unter die Zitronencreme heben.
- Creme und Pfirsichpüree schichtweise in Gläser füllen.
- Mindestens 2 Stunden im Kühlschrank kühlen.
- Mit ein paar Pfirsichstückchen garniert servieren.

Muffins

sind die kleinen, süßen Sünden

Apfel - Muffins

Zutaten:

1 kleiner Apfel
170 g Mehl
1 Päckchen Backpulver
120 g weiche Butter
1 Päckchen Vanillezucker
3 Eier
180 g Zucker
Saft einer Zitrone

Zubereitung

- Apfel schälen und klein würfeln.
- Stückchen sofort in den Zitronensaft legen.
- Butter, Zucker, Vanillezucker und Eier cremig rühren.
- Mehl und Backpulver vermischen.
- Mischung unter die Eiercreme rühren.
- Apfelstückchen und etwas Saft vorsichtig unterheben.
- Teig auf 12 Muffinförmchen verteilen.
- Bei 180° C etwa 30 Minuten backen.
- In der Form (Förmchen) abkühlen lassen.

Eierlikör – Schoko – Muffins

Zutaten:

100 ml Eierlikör
100 g Schokoladenstreusel
170 g Mehl
½ Päckchen Backpulver
150 g weiche Butter
1 Päckchen Vanillezucker
3 Eier
100 g Zucker

Zubereitung

- Butter, Zucker, Vanillezucker und Eier cremig rühren.
- Mehl, Schokostreusel und Backpulver vermischen.
- Mischung unter die Eiercreme rühren.
- Eierlikör ebenfalls unterrühren.
- Teig auf 12 Muffinförmchen verteilen.
- Bei 180° C etwa 30 Minuten backen.
- In der Form (Förmchen) abkühlen lassen.

Erdbeer - Joghurt - Muffins

Zutaten:

200 g Erdbeeren
3 Eier
180 g Mehl
1½ TL Backpulver
180 g weiche Butter
1 Päckchen Vanillezucker
180 g Zucker
125 g Naturjoghurt

Zubereitung

- Erdbeeren in kleine Stücke schneiden.
- Butter, Zucker, Vanillezucker und Eier cremig rühren.
- Joghurt unterrühren.
- Mehl und Backpulver vermischen.
- Mischung unter die Eiercreme heben.
- Erdbeerstückchen ebenfalls vorsichtig unterheben.
- Teig auf 12 Muffinförmchen verteilen.
- Bei 200° C etwa 25 Minuten backen.
- In der Form (Förmchen) abkühlen lassen.
- Mit Erdbeerstückchen garniert servieren.

Joghurt – Mandarinen – Muffins

Zutaten:

100 g fein gehackte Mandeln
1 kleine Dose Mandarinen
125 g Zucker
125 g Joghurt
200 g Mehl
1 Vanillezucker
3 EL Sonnenblumenöl
3 TL Backpulver
½ TL Natron
150 ml Milch

Zubereitung:

- Mandarinen abtropfen lassen.
- Joghurt, Milch, Vanillezucker, Zucker und Öl gut verrühren.
- Mandeln, Mehl, Backpulver und Natron vermischen.
- Mischung zusammen mit den Mandarinen schnell unter die Joghurtmasse rühren.
- Teig in die Muffinförmchen füllen.
- Bei 180° C etwa 20 – 25 Minuten backen.
- In der Form (Förmchen) abkühlen lassen.

Kartoffel - Schnittlauch - Muffins

Zutaten:

330 g Kartoffeln
2 kleine Eier
3 EL Schnittlauchröllchen
2 Knoblauchzehen
130 g Mehl
1½ EL saure Sahne
1 TL Backpulver
130 g geriebener Käse
Salz, Pfeffer, Muskatnuss, Paprikapulver

Zubereitung

- Kartoffeln in der Schale gar kochen.
- Abpellen und danach sofort durch eine Kartoffelpresse pressen.
- Kartoffeln mit Sahne, Eiern, Schnittlauch, halbe Käsemenge und gepressten Knoblauch verrühren.
- Mehl mit Backpulver und den Gewürzen vermengen.
- Alles zusammen verkneten.
- Knetmasse auf die Muffinförmchen verteilen.
- Den Restkäse überstreuen.
- Bei 200° C etwa 25 Minuten backen.
- Kalt oder warm genießen.

Kokos – Bananen – Muffins

Zutaten:

50 g Kokosraspeln
2 Bananen
150 g Zucker
125 g Mehl
125 g Butter
2 EL Kakaopulver
2 Eier
2 EL Amarettolikör
2 TL Backpulver
1 Päckchen Vanillezucker

Zubereitung:

- Die Bananen mit einer Gabel fein zerdrücken.
- Mehl, Backpulver, Kakao und Kokosraspeln vermischen.
- Butter mit Vanillezucker und Zucker cremig rühren.
- Eier und Amaretto unterrühren
- Die Mehlmischung unterheben.
- Zerdrückte Bananen unter den Teig heben.
- Teig auf 12 Muffinförmchen verteilen.
- Bei 200° C etwa 15 – 20 Minuten backen.
- In der Form (Förmchen) 10 Minuten abkühlen lassen.

Kokos – Mandarinen – Muffins

Zutaten:

40 g Kokosraspeln
1 kleine Dose Mandarinen
100 g Zucker
200 g Joghurt
120 g Mehl
100 g Dinkel-Vollkornmehl
1 Ei
60 ml Sonnenblumenöl
1 EL Backpulver
1 TL Natron
1 Prise Salz

Zubereitung:

- Mandarinen abtropfen lassen.
- Mehl, Vollkornmehl, Backpulver, Natron, Salz und Kokosraspeln vermischen.
- Abgetropfte Mandarinen unter die Mischung mengen.
- Ei und Zucker cremig rühren.
- Öl und Joghurt unterrühren.
- Die Mehlmischung unterheben.
- Teig auf 12 Muffinförmchen verteilen.
- Bei 200° C etwa 20 – 25 Minuten backen.
- In der Form (Förmchen) 10 Minuten abkühlen lassen.

Muffins mit Kidneybohnen

Zutaten für 16 – 18 Stück:

1 Dose Kidneybohnen
2 Eier
100 g Parmesankäse
250 g Mehl
250 ml Milch
1 Päckchen Backpulver
5 EL Sonnenblumenöl
4 EL scharfe Grillsoße
Salz, Pfeffer

Zubereitung

- Milch, Öl und Eier verquirlen.
- Parmesan, Backpulver und Mehl vermischen.
- Mischung unter den Eierquirl heben.
- Grillsoße und Bohnen untermengen.
- Etwas Salz und Pfeffer zugeben.
- Teig in die Muffinförmchen füllen.
- Bei 190° C etwa 20 – 25 Minuten backen.
- In der Form (Förmchen) abkühlen lassen.

Zuckerfreie Blaubeer - Muffins

Zutaten:

200 g Blaubeeren
250 g Mehl
2½ TL flüssiger Süßstoff
75 g Pflanzenmargarine
2 TL Backpulver
3 Eier
175 ml Sojamilch
½ Fläschchen Butter-Vanille-Aroma

Zubereitung:

- Margarine schmelzen.
- Eier, Süßstoff, Milch, Backaroma und Margarine verrühren.
- Mehl mit Backpulver vermischen.
- Mischung zügig unter die Eiersoße rühren.
- Blaubeeren unterheben.
- Teig auf 12 Muffinförmchen verteilen.
- Bei 180° C etwa 25 Minuten backen.
- In der Form (Förmchen) abkühlen lassen.

Kuchen & Torten

da klatschen alle beim Kaffeeklatsch

Amerikanischer Käsekuchen

Zutaten Tortenboden:

200 g Vollkornkekse
100 g Butter
70 g Zucker

Zutaten Belag:

900 g Philadelphia Frischkäse
180 g Zucker
2 Eier
2 Röhrchen Vanillearoma
1 EL Speisestärke
250 g Schmand

Zubereitung:

- Für den Kuchenboden die Kekse zerbröseln.
- Die Butter zum Schmelzen bringen.
- Butter, Zucker und Keksbrösel verkneten.
- Teig in eine gefettete Springform drücken.
- Mit 180° C 10 Minuten backen.
- Kuchenboden abkühlen lassen.
- Für den Belag Eier und Zucker cremig rühren.
- Restzutaten nach und nach gründlich unterrühren.
- Käsemischung auf den vorgebackenen Boden geben.
- Bei 200° C etwa 45 Minuten backen.
- Evtl. mit Alufolie abdecken.
- Den Backofen ausschalten und die Tür leicht öffnen.
- Kuchen im Backofen 3 Stunden abkühlen und ruhen lassen.

Erdbeertorte mit Waffeln

Zutaten:

500 g Erdbeeren
2 Päckchen Vanillezucker
400 g Schlagsahne
60 g Fertiggelatine
2 Packungen Waffeln
(alternativ ca. 7 Waffeln selber backen)

180 g Zucker
600 g Milch
7 Eigelb
2 TL Zitronensaft

Zubereitung:

- Die Erdbeeren vierteln und mit 1 EL Zucker und dem Zitronensaft mischen.
- Nach 15 Min. Ruhezeit halbe Erdbeermenge pürieren.
- Eigelb mit dem Zucker cremig rühren.
- Aufgekochte Milch und Vanillezucker unterrühren.
- In einem Topf die Ei-Milch-Mischung mit wenig Hitze und ständigem Rühren köcheln lassen.
- Wenn die Creme dicklich wird, den Topf vom Herd nehmen.
- Gelatinepulver einrühren und die Creme abkühlen lassen.
- Dabei immer mal wieder umrühren.
- Die Sahne steif schlagen.
- Wenn die Creme geliert, die Sahne, das Erdbeerpüree und die Erdbeerstückchen unterheben.
- Eine Tortenplatte mit Waffeln belegen und einen Springformrand aufsetzen.
- An den Rand Waffeln als Tortenrand stellen.
- Erdbeercreme einfüllen und glatt streichen.
- Mindestens 4 Stunden kalt stellen.
- Mit Sahnetupfern und Erdbeerstückchen garniert servieren.

Käsekuchen mit Pfirsichen

Zutaten Teig:

150 g Butterkekse
85 g weiche Butter
2 TL Zitronensaft
3 EL Zucker

Zutaten Belag:

400 g Schmand
800 g Frischkäse
235 g Zucker
4 EL Speisestärke
4 Eier
3 Eigelb
1 Päckchen Vanillezucker
1 EL Zitronensaft
1 Päckchen Tortenguss
3 Pfirsiche (Dosenobst oder frisch)

Zubereitung:

- Für den Teig die Butterkekse fein zerbröseln.
- Brösel mit Butter, Zitronensaft und Zucker verkneten.
- Bröselmasse in eine Springform drücken.
- Teigboden im Kühlschrank fest werden lassen.
- Für den Belag Frischkäse, Sauerrahm und Zitronensaft
  verrühren.
- Nach und nach 200 g Zucker, Eier, Eigelb, Stärke und
  Vanillezucker unterrühren.
- Käsecreme auf den Tortenboden streichen.
- Bei 200° C etwa 50 – 60 Minuten backen.
- Wenn der Kuchen zu braun wird, mit etwas Alufolie
  abdecken.

- Kuchen bei geöffneter Ofentür 15 Minuten abkühlen lassen.
- Danach den Kuchen vollständig auskühlen lassen.
- Pfirsiche in Spalten schneiden.
- Spaltenpfirsiche spiralförmig auf den Kuchen legen.
- Tortenguss mit dem Restzucker und 250 ml Wasser zubereiten.
- Guss auf den Pfirsichen verteilen und fest werden lassen.

Philadephia - Torte

Zutaten:

400 g Löffelbiskuits
200 g Philadelphia – Frischkäse
1 Päckchen Vanillezucker
1 Päckchen Götterspeise
1 Dose Mandarinen
30 g Sofortgelatine/Fertiggelatine

200 g Butter
75 g Zucker
600 g Sahne
125 ml Wasser
Saft von 2 Zitronen
Paniermehl

Zubereitung:

- Löffelbiskuits fein zerbröseln
- Brösel mit der Butter verkneten.
- Eine Springform einfetten und mit Paniermehl ausstreuen.
- Die Bröselmasse fest in die Form drücken.
- Etwa 15 Minuten im Kühlschrank kühlen.
- Mandarinen gut abtropfen lassen.
- Käse, Zucker, Vanillezucker und Zitronensaft verrühren.
- Götterspeise und 20 g Gelatinepulver vermischen.
- Mischung mit Wasser verrühren und erhitzen.
- Kurz vor dem Kochen vom Herd nehmen.
- Etwas abkühlen lassen.
- Abgekühlte Masse unter die Käsemasse rühren.
- Die Sahne mit der Restgelatine steif schlagen.
- Sahne vorsichtig unter die Käsecreme heben.
- Mandarinen auf dem Teigboden verteilen.
- Käsecreme auf die Mandarinen streichen.
- 12 Stunden im Kühlschrank kühlen.

Ananaskuchen

Zutaten Teig:

75 g Magerquark
150 g Mehl
50 g Zucker
3 EL Öl
2 TL Backpulver
1 Prise Salz
2 EL Milch

Zutaten Belag:

1 Ananas (1 kg)
250 ml saure Sahne
75 g Zucker
50 g Mehl
2 Eier
½ TL Zitronensaft

Zubereitung:

- Alle Teigzutaten zu einem glatten Teig verkneten.
- Teig in einer gefetteten Springform auslegen bzw. eindrücken.
- Dabei einen Rand von ca. 3 cm hochdrücken.
- Die Ananas schälen und in kleine Stücke schneiden.
- Eigelb mit dem Restzucker schaumig schlagen.
- Mehl, Zitronensaft und Sahne unterrühren.
- Eiweiß sehr steif schlagen.
- Eischnee unter die Eigelbmasse heben.
- Ananasstücke gleichmäßig auf dem Teig verteilen.
- Die Eier - Sahnemasse über die Ananas geben.
- Bei 200° C etwa 40 Minuten backen.

Bananen - Nuss - Kuchen

Zutaten:

300 g Weizenmehl
1 - 2 Bananen
100 ml Milch
125 g Zucker
125 g Butter
3 Eier
75 g gehackte Walnüsse
1 Päckchen Backpulver

Zubereitung:

- Banane mit einer Gabel zerdrücken.
- Butter, Zucker und Eier schaumig rühren.
- Gedrückte Banane unterrühren.
- Mehl, Nüsse und Backpulver vermischen.
- Mehlmischung und die Milch unter die Eiermischung rühren.
- Teig in eine gefettete Kastenform geben.
- Bei 200° C etwa 50 Minuten backen.

Blaubeerkuchen

Zutaten:

65 g Schokolade (Zartbitter)
65 g Butter
4 Eier
100 g Mehl
130 g Zucker
500 g Blaubeeren
2 Päckchen Vanillezucker
2 Päckchen Sahnesteif
500 g Schlagsahne
Puderzucker

Zubereitung:

- Schokolade und Butter im Wasserbad schmelzen.
- Zucker mit den Eiern schaumig rühren.
- Das Mehl einrühren.
- Butterschokolade unterrühren.
- Eine Springform mit Backpapier auslegen.
- Teig einfüllen.
- Bei 160° C etwa 35 – 40 Minuten backen.
- Tortenboden auskühlen lassen.
- Beeren in kaltes Wasser tauchen.
- Nach dem Abtropfen mit Puderzucker bestäuben.
- Sahne mit Vanillezucker und Sahnesteif steif schlagen.
- Tortenboden quer halbieren.
- Die halbe Sahnemenge auf einen Boden streichen.
- Etwa 400 g Beeren darauf verteilen.
- Zweiten Boden auflegen.
- Restsahne auf den Deckel und den Rand streichen.
- Mit den Restbeeren garniert servieren.

Bodenloser Käsekuchen

Zutaten:

1000 g Magerquark
330 g Zucker
75 g Butter
4 Eier
2 Dosen Mandarinen
1 Päckchen Backpulver
1 Päckchen Puddingpulver
2 EL Grieß
Saft von 1 -2 Zitronen

Zubereitung:

- Butter mit Zucker und Eiern schaumig rühren.
- Nach und nach Backpulver, Quark, Puddingpulver, Grieß, Mandarinen und den Zitronensaft unterrühren.
- Alles etwa 3 – 5 Minuten verrühren.
- Eine Springform einfetten und mit Grieß bestreuen.
- Teig einfüllen und glatt streichen
- Eine Stunde bei ca. 175° C backen.

Eierlikör - Gugelhupf

Zutaten:

125 g Mehl
125 g Speisestärke
250 g Puderzucker
5 Eier
250 ml Eierlikör
250 ml Sonnenblumenöl
2 Päckchen Vanillezucker
1 Päckchen Backpulver
150 g Schokoladenstreusel
Paniermehl

Zubereitung:

- Eier und Vanillezucker schaumig schlagen.
- Puderzucker nach und nach unterrühren.
- Öl und Eierlikör einrühren.
- Backpulver, Mehl und Speisestärke vermischen.
- Mehlmischung unter die Eierlikörmasse rühren.
- Die Schokoladenstreusel unterheben.
- Eine Gugelhupfform einfetten.
- Form mit Paniermehl ausstreuen.
- Teig einfüllen und glatt streichen.
- Bei 175° C etwa 70 – 90 Minuten backen.
- Nach dem Abkühlen mit Puderzucker bestäuben.

Donauwellen - Kuchen

Zutaten Boden:

220 g Mehl
100 g Marzipankartoffeln
½ Päckchen Backpulver
135 g Butter (sehr weich)
135 g Zucker
3 Eier
1 EL Kakaopulver
3 EL Milch
1 Glas Sauerkirschen

Zutaten Belag:

500 g Magerquark
200 g Sahne
35 g Fertiggelatine / Sofortgelatine
2 Päckchen Vanillezucker
75 g Zucker
100 g Kuvertüre

Zubereitung:

- Für den Boden die Kirschen abtropfen lassen.
- Marzipankartoffeln vierteln.
- Zucker, Butter und Eier schaumig, cremig rühren.
- Mehl und Backpulver vermischen.
- Mischung mit der Eiercreme verrühren.
- Halbe Teigmenge in eine gefettete Springform geben.
- In die zweite Hälfte Kakao und Milch einrühren.
- Dunklen Teig auf den hellen Teig streichen.
- Marzipan und Kirschen gleichmäßig auf dem Teig verteilen.
- Bei 175° C etwa 30 Minuten backen.

- Boden auskühlen lassen.
- Für den Belag 25 g Gelatinepulver, Vanillezucker und Zucker vermischen.
- Mischung mit dem Quark verrühren.
- Sahne mit Restgelatine steif schlagen.
- Steife Sahne unter die Quarkcreme heben.
- Springformrand (Tortenring) um den Tortenboden legen.
- Creme auf den Boden (Tortenboden!!!) streichen.
- Mindestens 3 Stunden kühl stellen.
- Geschmolzene Kuvertüre über den Quark geben.
- Mit einem Kuchenkamm wellenförmig durchziehen.
- Noch einmal etwas kühl stellen.

Heidelbeeren im Kasten

Zutaten:

150 g Heidelbeeren (Waldbeeren)
200 g Mehl
60 g Haferflocken
175 g Zucker
1 Päckchen Vanillezucker
1 Päckchen Backpulver
150 g Butter (sehr weich)
2 Eier
150 g saure Sahne
1 EL Speisestärke
Puderzucker

Zubereitung:

- Vanillezucker, Zucker, Eier und Butter schaumig rühren.
- Saure Sahne unterrühren.
- Backpulver, Haferflocken und Mehl vermischen.
- Mischung unter die Creme rühren.
- Heidelbeeren mit etwas Wasser anfeuchten.
- Feuchte Heidelbeeren mit der Speisestärke mischen.
- Beeren vorsichtig unter den Teig heben.
- Eine Kastenform (ca. 1,5 Liter) einfetten.
- Den Teig vorsichtig einfüllen und glatt streichen.
- Bei 180° C etwa 60 Minuten backen.
- Fertigen Kuchen in der Form auskühlen lassen.
- Vor dem Servieren mit Puderzucker überstreuen.

Kirschkuchen mit Baiser

Zutaten:

180 g Mehl
60 g Speisestärke
150 g Butter
1 Glas Sauerkirschen
300 g Zucker
60 g Kokosraspeln
2 Päckchen Vanillezucker
10 g Backpulver
5 Eier
1 EL Zitronensaft
1 Prise Salz

Zubereitung:

- Kirschen abtropfen lassen.
- Drei Eier trennen.
- Eiweiß kalt stellen.
- Butter, Vanillezucker, Salz und 120 g Zucker schaumig rühren.
- Eigelb und Eier unterrühren.
- Mehl, Backpulver und Speisestärke vermischen.
- Mischung unter die Eiermasse rühren.
- Eine Springform einfetten.
- Teig in die Form geben.
- Die Kirschen auf dem Teig verteilen.
- Bei 175° C etwa 20 – 25 Minuten backen.
- Eiweiß steif schlagen.
- Dabei den Restzucker einrieseln lassen.
- Zitronensaft, Kokosraspeln unter den Eischnee heben.
- Baisermasse auf den Kuchen streichen.
- Weitere 20 - 25 Minuten bei 175° C backen.

Milka - Bananen - Torte

Zutaten Tortenboden:

3 Eier
125 g Zucker
125 g Mehl
1 TL Backpulver

Zutaten Belag:

1 Tafel Milka Vollmilch
1 Tafel Milka Zartbitter
3 Eier
150 g weiche Butter
1 Päckchen Vanillezucker
500 g Schlagsahne
20 g Fertiggelatine / Sofortgelatine
5 mittelgroße Bananen
2 El Zitronensaft
12 - 16 Milkaherzen
2 El Schokoraspel

Zubereitung:

- Für den Tortenboden die Eier und 3 EL kaltes Wasser schaumig schlagen.
- Nach und nach Zucker zugeben.
- Mehl mit Backpulver mischen.
- Mischung unter den Eierschaum heben.
- Eine Springform mit Backpapier auslegen.
- Teig einfüllen und glatt streichen.
- Bei 200° C etwa 20 - 25 Minuten backen.
- Boden abkühlen lassen.
- Für die Creme Schokolade grob hacken.
- Gehacktes im Wasserbad schmelzen.

- Eier trennen.
- Eigelb, Butter und Vanillinzucker cremig rühren.
- Abgekühlte Schokolade unterrühren.
- Eiweiß steif schlagen und unterheben.
- Sahne steif schlagen.
- Dabei die Gelatine einrieseln lassen.
- Bananen schälen und längs halbieren.
- Sofort mit Zitronensaft beträufeln.
- Bananen auf den Biskuitboden legen.
- Sahne auf die Bananen geben.
- Dabei etwas Sahne zum Verzieren zurück lassen.
- Anschließend die Schokoladenmasse aufstreichen.
- Mit Sahnetupfer verzieren.
- Torte mindestens 3 Stunden kalt stellen.
- Mit Milkaherzen und Schokoladenraspeln verziert servieren.

Möhrentorte

Zutaten:

110 g gemahlene Mandeln
60 g gehackte Mandeln
2 Päckchen Vanillezucker
2 TL Backpulver
500 g Mascarpone
1 Dose Mandarinen
3 EL Zitronensaft
30 g Fertiggelatine / Sofortgelatine

250 g Möhren
90 g Mehl
4 Eier
160 g Zucker
400 g Sahne
40 g Schokoraspeln
1 Prise Salz

Zubereitung:

- Möhren sehr fein raspeln.
- Eier, 110 g Zucker, Salz und 1 EL Zitronensaft schaumig rühren.
- Mandeln, Backpulver und Mehl vermischen.
- Mischung unter die Eiermasse rühren.
- Möhren unterheben.
- Springform fetten und mit Paniermehl ausstreuen.
- Teig in die Form geben.
- Bei 175° C etwa 35 – 40 Minuten backen.
- Tortenboden auskühlen lassen.
- Mandarinen abtropfen lassen.
- Sahne steif schlagen.
- Restzucker, Gelatine und Vanillezucker vermischen.
- Mischung, Restzitrone und Mascarpone gut verrühren.
- Schokoladenstreusel, Mandarinen und Sahne unter die Creme heben.
- Tortenboden auf eine Tortenplatte legen.
- Springformrand oder Tortenring umlegen.
- Creme auf den Boden streichen.
- Mindestens 3 Stunden im Kühlschrank kühlen.

Rotweinkuchen (ohne Zucker)

Zutaten:

100 g Diät-Zartbitter-Schokolade
200 g Butter
200 g Fruchtzucker
4 Eier
250 g Mehl
1 Pck. Backpulver
1 TL Zimt (gemahlen)
1 TL Kakaopulver
Mark von einer Vanilleschote
1 Fläschchen Rum-Backaroma
50 g Haselnüsse
125 ml Rotwein

Zubereitung:

- Die Schokolade fein reiben.
- Butter mit Fruchtzucker cremig rühren.
- Eier einzeln einrühren.
- Das Mehl mit Backpulver vermischen.
- Mischung unter die Eiercreme rühren.
- Die restlichen Zutaten nach und nach in den Teig rühren.
- Den Teig in eine gefettete Gugelhupfform füllen.
- Bei 175° C etwa 60 Minuten backen.
- Den abgekühlten Kuchen mit etwas Fruchtzucker bestreuen.

Prosecco - Torte

Zutaten Teig:

3 Eier
125 g Zucker
1 Päckchen Vanillezucker
100 ml Sonnenblumenöl
200 g Mehl
2 gestrichene TL Backpulver

Zutaten Belag:

250 g Mascarpone
200 g Schlagsahne
175 g Zucker
1 Päckchen Vanillezucker
1 Glas Kirschen (680 g)
1 Dose Aprikosen (420 g)
45 g Fertiggelatine / Sofortgelatine
2 EL Johannisbeergelee
200 ml Prosecco
1 Päckchen Rote Grützepulver (Himbeere)

Zubereitung:

- Für den Teig Zucker, Vanillezucker und Eier ver-rühren.
- Das Öl in kleinem Strahl zufügen.
- Mehl mit Backpulver mischen und unterrühren.
- Den Teig in eine mit Backpapier ausgelegte Spring-form füllen.
- Bei 200° C etwa 25 Minuten backen.
- Tortenboden abkühlen lassen.
- Das Gelee erwärmen und den Tortenboden damit bestreichen.

- Für den Belag die Aprikosen abtropfen lassen.
- Abgetropftes grob pürieren.
- Kirschen ebenfalls abtropfen lassen.
- Dabei den Saft auffangen.
- Das Grützepulver und 75 g Zucker in 6 EL Kirschsaft einrühren.
- Den Restsaft aufkochen.
- Dann die Grützemischung unter Rühren zugeben.
- Noch einmal kurz aufkochen lassen.
- Kirschen unterrühren.
- Zum Abkühlen beiseite stellen.
- Aprikosenpüree mit dem Mascarpone verrühren.
- Gelatine mit dem Restzucker vermischen.
- Mischung unter den Prosecco rühren.
- Proseccomischung unter die Mascarponecreme heben.
- Sahne mit Vanillezucker steif schlagen.
- Steife Sahne ebenfalls unterheben.
- Tortenboden auf eine Kuchenplatte geben.
- Einen Tortenring (Springformrand) um den Boden legen.
- Mascarponecreme, dann Grütze, dann noch einmal Mascarponecreme auf den Tortenboden streichen.
- Die Torte mindestens drei Stunden im Kühlschrank kühlen.
- Mit Kirschen und/oder Aprikosenstücken garniert servieren.

Windbeuteltorte

Zutaten Tortenboden:

100 g Mehl
3 Eier
100 g Margarine
100 g Zucker
1 Päckchen Vanillezucker
1 Prise Salz
1½ TL Backpulver

Zutaten Belag:

500 g Mini Windbeutel (TK)
300 g Schmand
100 g Magerquark
400 g Sahne
2 Gläser Sauerkirschen
180 g Gelierzucker
2 Päckchen Vanillezucker
3 Päckchen Sahnesteif
1 Päckchen Tortenguss (rot)

Zubereitung:

- Für den Tortenboden die Eier, Margarine und Zucker cremig rühren.
- Mehl, Salz, Vanillezucker und Backpulver vermischen.
- Mischung unter die Eiercreme rühren.
- Teig in eine mit Backpapier ausgelegte Springform geben.
- Bei 175° C etwa 25 Minuten backen.
- Tortenboden auskühlen lassen.
- Für den Belag Schmand, Quark und Zucker verrühren.
- Sahne steif schlagen.

- Dabei Sahnesteif und Vanillezucker einrieseln lassen.
- Steife Sahne unter die Schmandcreme heben.
- Einen Tortenring (Springformrand) um den Torten-boden legen.
- Etwa ein Drittel der Creme auf den Boden streichen.
- Gefrorene Windbeutel dicht an dicht auflegen.
- Restcreme gleichmäßig aufstreichen.
- Kirschen auf der Creme verteilen.
- Tortenguss nach Packungsanweisung zubereiten.
- Guss auf die Kirschen geben.
- Torte mindestens drei Stunden kühl stellen.

Zebrakuchen

Zutaten Teig:

2 Päckchen Vanillezucker
1 Fläschchen Butter-Vanille-Aroma
150 ml Wasser (lauwarm)
1 ½ Päckchen Backpulver
3 EL Kakaopulver
175 g Puderzucker
3 EL Zitronensaft

290 g Zucker
6 Eier
290 ml Öl
430 g Mehl
1 EL Semmelbrösel
5 EL Wasser

Zubereitung:

- Die Eier trennen.
- Zucker, Vanillezucker und Eigelb schaumig rühren.
- Vanillearoma, Öl und 150 ml Wasser zugeben.
- Mehl mit Backpulver mischen.
- Mischung unter die Eiercreme rühren.
- Eiweiß sehr steif schlagen.
- Eischnee unter den Teig heben.
- Den Teig halbieren.
- Unter eine Hälfte den Kakao rühren.
- Gefettete Springform mit Semmelbrösel ausstreuen.
- 2 EL vom hellen Teig in die Mitte geben.
- In die Mitte, auf den hellen Teig 2 EL dunklen Teig geben (nicht daneben).
- Vorgang wiederholen, bis kein Teig mehr da ist.
- Achtung!! Den Teig nicht glatt streichen.
- Bei 180° C etwa 55 Minuten backen.
- Kuchen abkühlen lassen.
- Puderzucker, Zitronensaft und 5 EL Wasser zu einer Glasur verrühren.
- Den kalten Kuchen damit glasieren.

Aprikosen – Käsekuchen

Zutaten Tortenboden:

270 g Mehl 165 g Butter
90 g Zucker 1 Ei

Zutaten Belag:

1 Dose Aprikosen 500 g Magerquark
500 g Frischkäse 200 g Schmand
60 g Amarettini – Kekse 160 g Zucker
4 EL Amaretto – Likör 4 Eier
Paniermehl

Zubereitung:

- Alle Teigzutaten zu einem glatten Teig verkneten.
- Teig in Folie gewickelt 30 Minuten kühlen.
- Aprikosen abtropfen lassen.
- Quark, Frischkäse, Schmand und Zucker verrühren.
- Eier nach und nach unterrühren.
- Kekse zerbröseln.
- Brösel mit dem Likör unter die Käsemasse rühren.
- Eine Springform einfetten.
- Mit dem Paniermehl ausstreuen.
- Teig in die Form drücken, 3 cm Rand hochziehen.
- Ein Drittel der Käsemasse auf den Tortenboden geben.
- Aprikosen auf den Käse legen.
- Restkäse einfüllen und glatt streichen.
- Bei 175° C etwa 60 Minuten backen.
- Im Ofen etwas abkühlen lassen.
- Dann den Springformrand vorsichtig lösen.
- Noch mindestens 5 Stunden auskühlen lassen.
- Mit Aprikosenstückchen garniert servieren.

Bananen - Quarkkuchen

Zutaten Tortenboden:

150 g Magerquark
1 Päckchen Vanillezucker
6 EL Sonnenblumenöl

300 g Mehl
3 TL Backpulver
1 EL Kakaopulver

Zutaten Belag:

350 g Magerquark
1 Päckchen Vanillezucker
2 EL Zitronensaft
250 g Creme fraîche

75 g Zucker
3 Eier
4 – 5 Bananen
1 EL Stärke

Zubereitung:

- Für den Boden Quark in einem Sieb gut abtropfen lassen.
- Quark, Öl, und Vanillezucker verrühren.
- Mehl, Backpulver, Kakao mischen und unterkneten.
- Teig in eine mit Backpapier ausgelegte Springform drücken.
- Für den Belag Bananen der Länge nach halbieren.
- Halbiertes auf den Boden (Teigboden!!) legen.
- Den Zitronensaft über die Bananen geben.
- Die Eier trennen.
- Eigelb, Quark, Vanillezucker, Zucker, Speisestärke und Creme fraîche gut verrühren.
- Das Eiweiß steif schlagen.
- Eischnee unter die Quarkmasse heben.
- Die Quarkmasse über die Bananen geben und glatt streichen.
- Bei 200° C etwa 30 Minuten backen.
- Wenn die Oberfläche zu braun wird, Alufolie auflegen.

Bunter Kuchen a la Pückler

Zutaten:

110 g Speisestärke
1 kg Magerquark
150 g Vanillejoghurt
100 g Zartbitterkuvertüre
Mark einer Vanilleschote
1 EL Zitronensaft
2 TL Puderzucker
120 g rote Beeren (Himbeeren, Erdbeeren, etc.)

170 g Mehl
260 g Zucker
90 g Butter
5 Eier
100 ml Milch
1 Prise Salz

Zubereitung:

- Falls TK – Beeren, diese auftauen.
- Für den Tortenboden ein Ei trennen.
- Mehl, Eiweiß, Salz, Butter, 50 g Zucker verkneten.
- Teig in Folie wickeln und 30 Minuten kühlen.
- Restliche Eier trennen.
- Quark, 185 g Zucker, Zitronensaft, Stärke und Eigelb verrühren.
- Beeren mit dem Puderzucker pürieren.
- Kuvertüre in der Milch schmelzen lassen.
- Eiweiß mit Salz und Restzucker steif schlagen.
- Quarkmasse in drei Teile aufteilen.
- Ein Drittel mit der Kuvertüremilch verrühren.
- Joghurt, Vanillemark mit einem Drittel vermengen.
- Beerenpüree in das restliche Quarkdrittel rühren.
- In jede Quarkmasse ein Drittel vom Eischnee heben.
- Den Teig in eine gefettete Springform drücken.
- Nacheinander roten, braunen und weißen Quark auf den Teig streichen.
- Bei 175° C etwa 60 Minuten backen.
- Abgekühlten Kuchen mit Puderzucker überstreuen.

Himbeer - Streusel - Traum

Zutaten Tortenboden:

120 g weiche Butter
100 g Amarettini - Kekse
100 g Löffelbiskuits

Zutaten Streusel:

200 g weiche Butter
200 g Zucker
320 g Mehl
200 g Marzipan – Rohmasse
2 Päckchen Vanillezucker
1 TL Zitronensaft
1 Prise Salz

Zutaten Belag:

450 g Schmand
450 g Magerquark
300 g Sahne
650 g Himbeeren
90 g Puderzucker
70 g Fertiggelatine / Sofortgelatine
Mark von 2 Vanilleschoten

Zubereitung:

- Für die Streusel das Marzipan grob raspeln.
- Zusammen mit den übrigen Streuselzutaten verkneten (Knethaken).
- Etwa eine Stunde kalt stellen.
- Streusel locker auf zwei Backbleche mit Backpapier verteilen.
- Bei 200° C etwa zehn Minuten goldgelb backen.

- Streusel auskühlen lassen.
- Für den Boden Löffelbiskuits und Amarettini zerbröseln.
- Beides mit der Butter verkneten.
- Knete in eine Springform (evtl. mit Backpapier) drücken.
- Boden etwa 30 Minuten kalt stellen.
- Für den Belag Schmand, Quark und Vanillemark verrühren.
- Puderzucker und 60 g Gelatinepulver unterrühren.
- Sahne mit 10 g Gelatinepulver steif schlagen.
- Himbeeren und Sahne unter die Creme heben.
- Halbe Crememenge auf den kalten Boden (Tortenboden!!) streichen.
- Die Hälfte der Streusel darauf verteilen.
- Restcreme vorsichtig aufstreichen.
- Restliche Streusel auf die Creme geben.
- Mindestens drei Stunden im Kühlschrank kühlen.
- Etwas Puderzucker über die Streusel streuen.
- Mit Himbeeren garniert servieren.

Käsekuchen mit Trauben

Zutaten Teig:

350 g Mehl
2 Päckchen Vanillezucker
1 TL Zitronensaft

120 g Zucker
250 g Butter
2 Eigelb

Zutaten Belag:

500 g Magerquark
250 g Weintrauben ohne Kerne
100 g Schlagsahne
1 Päckchen Vanillepuddingpulver

200 g Zucker
250 g Sahnequark
80 g Butter
2 Eier

Zutaten Streusel:

60 g Zucker
100 g Mehl

60 g Butter
1 Prise Zimt

Zubereitung:

- Alle Teigzutaten zu einem glatten Teig verkneten.
- Teig in Folie gewickelt 30 Minuten kühlen.
- In der Zwischenzeit alle Belagzutaten (außer Trauben) gut verrühren.
- Die Weintrauben halbieren.
- Halbierte Trauben unter den Belag heben.
- Gekühlten Teig in eine gefettete Springform drücken.
- Dabei einen 3 - 4 cm Rand hochziehen.
- Bei 180° C etwa 10 Minuten vorbacken.
- Etwas abkühlen lassen.
- Danach die Quarkmasse einfüllen.
- Streuselzutaten krümelig verkneten.
- Krümel auf der Quarkmasse verteilen.
- Bei 170° C etwa 60 Minuten backen.
- Evtl. mit Alufolie abdecken.

Marzipan – Apfelkuchen

Zutaten Teig:

150 g Mehl
1 TL Backpulver
75 g gemahlene Mandeln
½ TL Zimt

75 g Zucker
100 g Butter
2 Eigelb

Zutaten Belag:

400 g Äpfel (sauer)
200 g Marzipan-Rohmasse
75 g Puderzucker
100 g Weizenmehl

125 g Butter
2 Eier
2 Eiweiß
1 TL Backpulver

Zubereitung:

- Alle Teigzutaten zu einem geschmeidigen Teig verkneten.
- Knete zugedeckt 30 Minuten im Kühlschrank ruhen lassen.
- Die Marzipan-Rohmasse sehr klein schneiden.
- Kleinigkeiten mit der Butter glatt rühren.
- Nach und nach Puderzucker, Eier, Eiweiß, Mehl und Backpulver unterrühren.
- Die Äpfel schälen, in kleine Stücke schneiden.
- Stückchen unter die Marzipanmasse heben.
- Den Teig ausgerollt in eine gut gefettete Springform geben.
- Dabei einen Teigrand von ca. 3 cm hochziehen.
- Marzipan-Apfelmasse einfüllen und glatt streichen.
- Bei 180° C etwa 45 Minuten backen.

Pfirsich - Streusel - Kuchen

Zutaten:

700 g Pfirsiche
120 g Kokosraspel
2 Päckchen Vanillezucker
1 Päckchen Soßenpulver (Vanille)
Mark einer Vanilleschote
1 Prise Salz

180 g Mehl
120 g Butter
120 g Zucker
150 g Schmand
2 Eier (M)
Puderzucker

Zubereitung:

- Pfirsiche kreuzweise einschneiden.
- Gekreuzte Pfirsiche mit kochendem Wasser übergießen.
- Anschließend mit kaltem Wasser erschrecken.
- Die Pfirsichhaut abziehen und den Kern herauslösen.
- Pfirsiche in kleinere Stücke schneiden.
- Mehl, Zucker, 1 Päckchen Vanillezucker, Butter, Salz und Kokos streuselig verkneten.
- Etwa zwei Drittel der Streusel in eine gefettete Springform drücken.
- Restliche Streusel kalt stellen.
- Kuchenboden bei 175° C etwa 10 Minuten backen.
- Schmand, 2 EL Zucker, 1 Vanillezucker, Soßenpulver und Eier verrühren.
- Vanillemark ebenfalls unterrühren.
- Pfirsiche auf dem vorgebackenen Kuchen verteilen.
- Den Schmandguss über die Pfirsiche gießen.
- Die restlichen Streusel darüber geben.
- Bei 175° C etwa 30 – 40 Minuten backen.
- Nach dem Abkühlen mit Puderzucker überstreuen.

Pflaumenkuchen mit Vanilleguss

Zutaten Teig:

300 g Mehl
150 g Butter
70 g Puderzucker
1 dickes Ei
1 Prise Salz

Zutaten Belag:

800 g Pflaumen
40 g gemahlene Mandeln
50 g Zucker
40 g Vanillepuddingpulver
3 Eier
150 g Schlagsahne

Zubereitung:

- Teigzutaten zu einem glatten Teig verkneten.
- In Folie gewickelt etwa 30 Minuten kalt stellen.
- Springform dünn einfetten und mit Mehl bestäuben.
- Teig in die Form drücken (ausrollen).
- Dabei einen 3 cm Rand hochziehen.
- Mandeln mit 15 g Zucker vermischen.
- Mischung gleichmäßig auf den Teig streuen.
- Für den Belag die Pflaumen halbieren.
- Halbierte Pflaumen auf den Teig legen.
- Bei 200° C etwa 15 Minuten vorbacken.
- Puddingpulver, Eier, Sahne und Restzucker verquirlen.
- Guss gleichmäßig über die vorgebackenen Pflaumen gießen.
- Mit 180° C noch einmal 30 Minuten backen.

Beeren - Amarettini - Torte

Zutaten Tortenboden:

160 g Mehl
1½ TL Backpulver
60 g Zucker
120 g Butter
4 Eier
1 EL Amarettolikör
1 Prise Salz

Zutaten Belag:

500 g gemischte Beeren
250 g Ricotta
250 g Sahnequark
300 g Schlagsahne
2 EL Amarettolikör
70 g Amarettinikekse
1 Päckchen Vanillezucker
80 g Zucker
30 g Sofortgelatine / Fertiggelatine
1 EL Zitronensaft

Zubereitung:

- Für den Tortenboden die Butter schmelzen.
- Die Eier trennen.
- Eiweiß mit einer Prise Salz steif schlagen.
- Eigelb mit Amaretto und Zucker schaumig rühren.
- Flüssige Butter unterrühren.
- Backpulver und Mehl vermischen.
- Mischung mit der Eiercreme zu einem glatten Teig verrühren.
- Eischnee unter den Teig heben.

- Teig in eine mit Backpapier ausgelegte Springform füllen.
- Halbe Beerenmenge auf den Teig geben.
- Bei 180° C etwa 20 – 25 Minuten backen.
- Tortenboden auskühlen lassen.
- Für den Belag die Schlagsahne steif schlagen.
- Ricotta, Amaretto, Zitronensaft und Quark verrühren.
- Amarettini fein zerbröseln.
- Brösel mit Zucker, Vanillezucker und Gelatinepulver vermischen.
- Mischung unter die Quarkcreme rühren.
- Sahne und Restbeeren unter die Creme heben.
- Creme auf den Tortenboden streichen.
- Mindestens drei Stunden im Kühlschrank kühlen.
- Mit ein paar Beeren verziert servieren.

Erdbeertorte mit Mandelboden

Zutaten Tortenboden:

100 g gemahlene Mandeln
4 Eiweiß
25 g Mandelblättchen

50 g Mehl
80 g Zucker
1 Prise Salz

Zutaten Belag:

400 g Erdbeeren
1 Päckchen Vanillezucker
1 Päckchen Tortenguss
40 g Fertiggelatine / Sofortgelatine

250 g Mascarpone
300 g Sahne
70 g Zucker

Zubereitung:

- Für den Boden Eiweiß, Zucker und Salz steif schlagen.
- Mandeln und Mehl unterheben.
- Teig in eine Springform (mit Backpapier) geben.
- Mandelblättchen auf dem Teig verteilen.
- Bei 200° C etwa 10 – 15 Minuten backen.
- Boden auskühlen lassen.
- Für den Belag die halbe Erdbeermenge klein würfeln.
- Die andere Hälfte in dünne Scheiben schneiden.
- Sahne, 15 g Gelatine und Vanillezucker steif schlagen.
- Mascarpone, Zucker und Restgelatine verrühren.
- Die Sahne und Erdbeerwürfel unter den Mascarpone heben.
- Creme auf den kalten Tortenboden geben.
- Erdbeerscheiben auf die Creme legen.
- Mindestens drei Stunden im Kühlschrank kühlen.
- Tortenguss nach Anweisung herstellen.
- Fertigen Guss über die Erdbeerscheiben geben.
- Noch einmal eine Stunde kühlen.

Grillage - Torte

Zutaten:

350 g Zucker
250 g gemahlene Haselnüsse
8 Eiweiß
30 g Fertiggelatine / Sofortgelatine
75 g Speisestärke
600 g Schlagsahne
400 g Kuvertüre
2 Päckchen Vanillezucker
2 EL Zitronensaft

Zubereitung:

- Eiweiß schlagen, dabei den Zucker einrieseln lassen.
- Dann Zitronensaft, Nüsse und Speisestärke unterheben.
- Eine Springform mit Backpapier auslegen.
- Bei 180° C nacheinander 4 Böden in jeweils 15 Minuten backen.
- Alle Böden auskühlen lassen.
- Kuvertüre im Wasserbad schmelzen.
- Kalte Tortenböden damit überziehen.
- Vanillezucker und Gelatine vermischen.
- Sahne steif schlagen.
- Dabei Gelatinemischung einrieseln lassen.
- Je ein Viertel der Sahne auf drei Böden verteilen.
- Die Tortenböden aufeinander setzen.
- Mit dem Rest der Sahne den Rand bestreichen.
- Zwölf Sahnetupfer als Garnierung auf den oberen Boden spritzen.
- Mindestens zwei Stunden im Kühlschrank kühlen.

Vom gleichen Autor erschienen bei Books on Demand bereits:

Wärme – Poesie vieler Jahre

© 2011 by Hans-Georg Karl
ISBN: 978-3-8423-5784-6
Hardcover, 92 Seiten, € 14,90

Knödelschorsch seine Leckerchen

© 2011 by Hans-Georg Karl
ISBN: 978-3-8448-0246-7
Paperback, 200 Seiten, € 10,90

Feuer – Poesie für Dich

© 2012 by Hans-Georg Karl
ISBN: 978-3-8482-2092-2
Hardcover, 92 Seiten, € 14,90

Knödelschorsch seine zweiten Leckerchen

© 2012 by Hans-Georg Karl
ISBN: 978-3-8448-0246-7
Paperback, 200 Seiten, € 10,90

Bärenstreifen

© 2013 by Hans-Georg Karl
ISBN: 978-3-7322-4974-9
Paperback, 32 Seiten, € 3,95